Womit anfangen?

Wählen Sie die Region Kretas, die Sie besuchen möchten: **Tour 1** (Westkreta, S. 44) oder **Tour 2** (Ostkreta, S. 98).

Vor der Abreise

Buchen Sie Ihren Flug (S. 10) und Ihre Unterkunft (S. 13) entsprechend den vorgeschlagenen Zwischenstopps. Die Flüge und Entfernungen sind ab Frankfurt angegeben, die Einreiseformalitäten gelten für deutsche Staatsangehörige.

Öffnungszeiten

Sind Sehenswürdigkeiten an bestimmten Tagen geschlossen, vermerken wir dies. Weitere Informationen finden Sie im Register oder auf der entsprechenden Internetseite.

Reservierungen

Für manche Sehenswürdigkeiten müssen Sie Tickets im Voraus buchen. Darauf weisen wir immer hin.

Sind Sie bereit? Dann lesen Sie weiter und genießen Sie Ihre Reise!

INHALT

PRAKTISCHE INFOS

DIE THEMEN DER INSEL

SIMPLISSIME

Kreta

DER PRAKTISCHSTE REISEFÜHRER DER WELT

EINFACH LOS!

BRUCKMANN

WAS IST DAS BESONDERE AN DIESEM REISEFÜHRER?

– Es ist ein Reiseführer für alle Reisenden und alle Arten von Reisen: mit der Familie oder mit Freunden, für jedes Budget, mit dem Auto oder mit öffentlichen Verkehrsmitteln.
– Sie finden sämtliche Informationen, die Sie brauchen, um Ihren Urlaub gut vorzubereiten.
– Es ist ein Buch, das sich auf das Wesentliche einer Reise konzentriert, damit Sie nichts von dem verpassen, was man unbedingt gesehen haben muss.
– Das Buch hat eine Autorin, die ihre Lieblingsadressen nennt: Restaurants mit lokalen Spezialitäten, Bars und Cafés für entspannte Pausen, die lohnendsten Sehenswürdigkeiten und vieles andere mehr.

Dieses Buch besteht aus vier Teilen:

• **Praktische Infos** über das Reiseziel: Klima, Gesundheitsversorgung, Lebenshaltungskosten, Transport, Unterkunft und mehr – alle praktischen Dinge, die Sie zur Vorbereitung Ihres Urlaubs und für eine entspannte Zeit vor Ort benötigen.
• Die **Themen des Landes**: Dieser Abschnitt hilft Ihnen bei der Planung Ihrer Reise. Suchen Sie sich hier Ihre persönlichen Highlights aus.
• Die **Touren**: zwei Tourenvorschläge für Kreta (einen im Westen, der andere im Osten). Jeder Ort wird ausführlich mit **Zwischenstopps** beschrieben. Sie erhalten Tipps für Besichtigungen und Aktivitäten, gute Adressen und **detaillierte** Routen, um von einem Zwischenstopp zum anderen zu gelangen. Karten und Stadtpläne unterstützen Sie dabei. Manchmal schlagen wir auch vor, einen Abstecher in Form eines **Tagesausflugs** zu machen.
• Ein sehr praktisches **Register**, das viele nützliche Informationen und Öffnungszeiten für einzelne Sehenswürdigkeiten auflistet.

TOUREN

TOUR 1

DER WESTEN KRETAS 44

7–10 Tage

TOUR 2

DER OSTEN KRETAS 98

7–10 Tage

REGISTER 152

Planen Sie Ihre Reise und genießen Sie Ihren Urlaub, ohne etwas vom Land zu verpassen. Schlendern Sie durch die charmanten Städte Rethimno und Chania, besuchen Sie die antike Stätte Knossos, schwimmen Sie in paradiesischen Gewässern oder wandern Sie durch spektakuläre Schluchten. Olivenöl, Raki und Kafenion – machen Sie sich die kretische Lebensart zu eigen und genießen Sie eine schöne Zeit in den Straßenrestaurants am Wasser.

Wenn Sie von Kreta träumen,
fahren Sie einfach hin!

100 % KRETA

Die Lieblingsadressen der Kreter finden Sie, wenn Sie dieses Piktogramm entdecken. Es steht bei den von **Maud Vidal-Naquet** ausgewählten Orten. Die Journalistin, die Griechenland so sehr liebt, dass sie dort lebt, verlässt ihre Insel in der Nähe von Athen oft, um mit Leidenschaft die mediterrane Welt zu erkunden. Hier verrät sie uns ihre Lieblingsorte: Dorftavernen, Restaurants direkt am Wasser, traditionelle Konditoreien oder trendige Cafés. Entdecken Sie die vielen Facetten der kretischen Küche!

KRETA IN KÜRZE

Griechenland
Hauptstadt der Verwaltungsregion Kreta: Iraklio

3.30 Std.
Flugzeit nach Iraklio von Frankfurt

Gültiger Personalausweis oder Reisepass

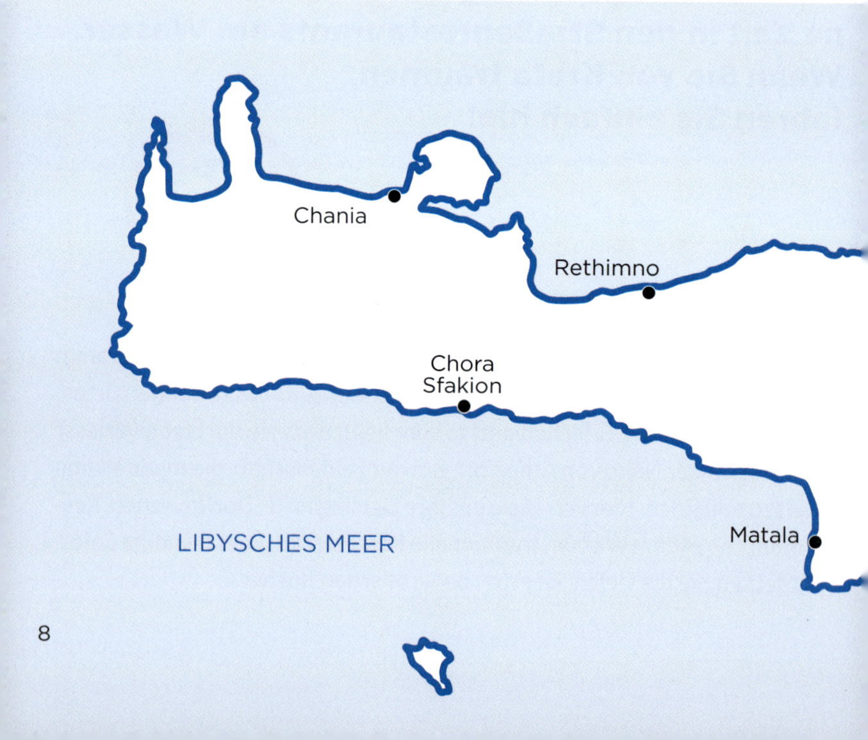

Zeitverschiebung
1 Std.: 12 Uhr in Berlin = 13 Uhr Iraklio

630 000 Einwohner

Euro (€)

ANREISE

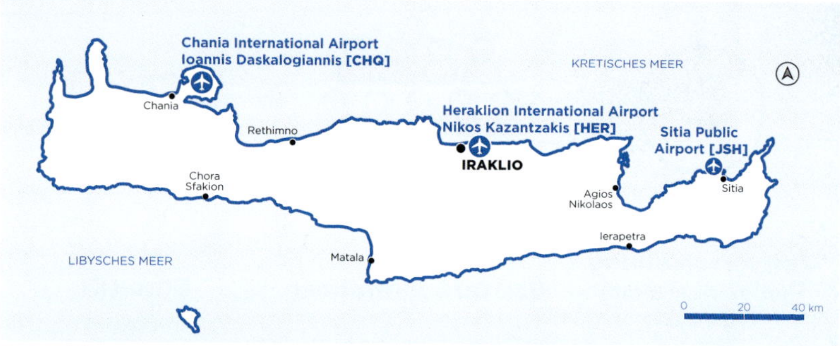

INTERNATIONALE FLUGHÄFEN

Zwei internationale Flughäfen: Iraklio (für die meisten Flüge) und Chania.

Zudem ein Flughafen in Sitia für Flüge u. a. nach/von Athen und Rhodos. Viele Direktflüge von April bis Okt. Außerhalb der Saison muss in Athen umgestiegen werden.

PREIS FÜR EIN RÜCKFLUGTICKET

Frankfurt–Iraklio

220€	**Durchschnittlicher Preis**
180€	**Guter Preis**
145€	**Super Preis!**

Die Preise sind im Jahresdurchschnitt angegeben. In der Hochsaison (Juli–Aug.) liegen sie höher.

FÄHRE

Neun Stunden Überfahrt von Piräus (Athen) nach Heraklion oder Chania. Bitte im Voraus buchen:
www.anek.gr/de/
www.minoan.gr/de/kreta
Bei schlechtem Wetter kann die Überfahrt verschoben oder abgesagt werden, daher ist es sinnvoll, einen Tag Puffer einzuplanen.

KLIMA

Beste Reisezeit
Im **Frühling und Herbst** ist es optimal. Der Sommer ist sehr heiß und trocken, aber windig. Es sind mehr Menschen unterwegs, und die Preise sind hoch.

Mediterranes Klima
300 Sonnentage im Jahr. Die Insel ist windig: Der Meltemi weht von April–Okt. vom griechischen Festland Richtung Kreta.

Temperaturen (Min./Max.)
Frühling: 10/23 °C
Sommer: 19/30 °C
Herbst: 14/27 °C
Winter: 9/18 °C

Wasser-temperaturen
Frühling: 21 °C
Sommer: 25 °C
Herbst: 23 °C
Man kann problemlos bis Oktober baden!

ÜBERNACHTEN

HOTELS	ZIMMER BEI EINHEIMISCHEN (*DOMATIA*)
• Das Hotelangebot ist sehr groß, vor allem an der Nordküste, wo die großen Badeorte liegen. • Vor allem in Chania und Rethimno gibt es einige Hotels in alten venezianischen oder osmanischen Häusern, die zu erschwinglichen Preisen angeboten werden.	• Tatsächlich handelt es sich dabei meist um saubere und komfortable Studios oder kleine Wohnungen. • Sie finden sie überall, angepriesen als *rooms to let/rent*. • Günstig, manchmal notdürftig, aber funktional, ist die *domatia* authentischer als ein Hotel. • Die meisten sind von April–Okt. geöffnet. Achtung: Man kann selten mit Karte bezahlen, und das Frühstück ist nicht inbegriffen.

UNTERWEGS

MIETWAGEN

- Zahlreiche Vermieter an Flughäfen, in Städten und sogar in einigen Dörfern.
- Internationale Agenturen: Buchen und bezahlen Sie im Voraus im Internet. Die meisten Vermieter verlangen eine Kreditkarte, keine Debitkarte (erkundigen Sie sich bei Ihrer Bank, welche Art von Karte Sie haben).
- Lokale Vermieter: Zahlreich, sie verlangen nicht immer eine Kaution. Bezahlung per EC-Karte oder in bar.
- Vermeiden Sie es, Mietwagen in Hotels zu buchen. Die Preise sind höher.
- Polizei: ✆ 100 (bei einem Unfall).
- Pannenhilfe (0–24 Uhr): ✆ 10 400.

AUTO

- Die Hauptstraßen verlaufen in Ost-West-Richtung. Die Nord-Süd-Durchquerungen sind weniger komfortabel. Das Hauptstraßennetz ist gut, aber es gibt noch einige Straßen in schlechtem Zustand, vor allem im Süden, oder enge, dem Wind ausgesetzte Straßen in den Bergen.
- Achten Sie auf Tiere auf der Straße (Herden in den Bergen) und auf Steinschlag.
- Kretische Autofahrer sind nicht für eine vorsichtige Fahrweise bekannt.
- Die Beschilderung ist nur auf den Hauptstraßen zweisprachig (griechisch mit englischer Transkription).
- Besorgen Sie sich zusätzlich zum GPS-Gerät eine detaillierte Karte.

BUS UND BOOT

- Der Bus ist das einzige öffentliche Verkehrsmittel (es gibt keine Züge). Das Netz ist groß und ermöglicht einfaches Reisen auf der ganzen Insel zu günstigen Preisen. Fahrpläne und Infos: www.e-ktel.com
- Zwischen den Dörfern an der Südwestküste, die nicht mit dem Auto erreichbar sind, verkehren Boote. Achten Sie gut auf die Fahrpläne und darauf, ob es sich um eine Passage mit Auto oder nur für Fußgänger handelt! www.anendyk.gr und www.nenkritis.gr

PARKEN

Vermeiden Sie das Parken im Stadtzentrum: Das Fahren ist anstrengend und das Parken problematisch. Bevorzugen Sie die Parkplätze am Stadtrand. Alle Stadtzentren können bequem zu Fuß erkundet werden.

BENZIN (*VENZINI*, βενζίνη)

Zahlreiche Tankstellen (*venzinadhiko*, βενζινάδικο) an den Hauptverkehrsstraßen und in den größeren Städten, aber nur wenige an der Südwestküste.
Achtung, sonntags oft geschlossen, und nicht immer werden Kreditkarten akzeptiert.

Bleifrei : *amólyvdi* (αμόλυβδη)
Diesel: *ntízel* (ντίζελ)
voll: *yemato* (γεμάτο)

PROMILLE-GRENZE

Es gilt eine Promillegrenze von 0,5.

-12 JAHRE

Beifahrer

müssen mindestens 12 Jahre alt sein.

ACHTUNG!

Standstreifen

Er wird zum Ausweichen verwendet, wenn man überholt wird!

GESCHWINDIGKEITS-BEGRENZUNGEN

Innerorts
50 km/h
Auf Landstraßen
90 km/h
Auf Autobahnen
120 km/h

GELD

BARGELDLOS ZAHLEN

- Seit 2017 ist es in touristischen Gegenden Pflicht, Kartenzahlungen zu akzeptieren, ihr wird aber nicht immer nachgekommen.
- Führen Sie immer Bargeld mit.
- Geldautomaten gibt es in allen größeren Städten und an touristischen Orten, an der Südwestküste hingegen nur sehr selten. Seien Sie dementsprechend vorausschauend unterwegs.

AUSGABEN

Kreta ist nach wie vor ein eher günstiges Reiseziel, auch wenn die Preise proportional zur Entwicklung des Tourismus steigen.

Durchschnittliche Preise:

- Mietwagen: 150 €/Woche
- Unterkunft: 40–70 €/Nacht und Doppelzimmer
- Mahlzeiten: 20–30 € für zwei Personen im Restaurant, 2,50 € für ein *gyros pita* auf die Hand
- Besichtigungen: 2–10 € (Knossos 15 €).

GEBÜHREN

- Seit Juli 2018 berechnen die griechischen Banken eine Gebühr für Abhebungen an Geldautomaten in Höhe von 2–3 €.
- Bei Zahlungen per Kreditkarte fällt keine Gebühr an, aber erkundigen Sie sich vor der Reise auch bei Ihrer Bank zu Hause.

ERMÄSSIGUNGEN

- Vom 1. Nov.–31. März ist der Eintrittspreis für Sehenswürdigkeiten und Museen um 50 % reduziert.
- Ermäßigte Preise für Personen über 65 Jahre und Lehrer (gegen Nachweis).

TRINKGELD

Freiwillig, 5 % sind üblich.

FREIER EINTRITT

Die meisten Sehenswürdigkeiten und Museen sind für Studierende aus der Europäischen Union (mit internationalem oder nationalem Studentenausweis) und für Personen unter 18 Jahren kostenlos.

Freier Eintritt für alle:

- am 1. So des Monats (von Nov. bis März)
- am 6. März
- am 18. April
- am 18. Mai
- am letzten Wochenende im Sept.

RESTAURANT

- Im Restaurant werden Brot und Besteck meist in Rechnung gestellt.
- Die Portionen sind oft sehr üppig für einen geringen Preis, außer bei Fisch – der seltener wird und der nach Gewicht abgerechnet wird. Was tiefgefroren ist, wird normalerweise auf der Speisekarte angegeben.
- Nach dem Essen wird oft Dessert und ein Glas Raki umsonst angeboten.
- Nehmen Sie immer Bargeld mit, da man nicht überall mit Karte zahlen kann.

IM ALLTAG

ÖFFNUNGSZEITEN

Sehr unterschiedlich und variabel!

- Geschäfte: Mo, Mi, Sa 9–14, Di, Do, Fr 9–14, 17–21 Uhr.
- Banken und Post: Mo–Fr 8–14 (in den größeren Städten bis 20 Uhr).
- Apotheken: Sa, So geschlossen.
- Die meisten Kirchen, Museen und Sehenswürdigkeiten schließen um 15 Uhr, manchmal auch um 14 Uhr, selbst in der Hochsaison.
- Restaurants: gegen 14 Uhr Mittagessen, gegen 21 Uhr Abendessen

STROM

220 Volt Wechselstrom; deutsche Stecker passen meist.

171

TOURISTEN-POLIZEI

Um eine Beschwerde einzureichen oder ein anderes Problem zu lösen, dient sie auch als Touristeninfo, wenn es sonst keine gibt.

EIN WENIG GRIECHISCH

Ja: nè
Nein: ochi
Guten Morgen/Guten Tag: kalimèra
Guten Abend: kalispèra
Auf Wiedersehen: adio
Hallo: yassas
Bitte: parakalo
Danke: èfkharisto
Entschuldigung: signomi
Bus: leoforío
Geöffnet: anoikto
Geschlossen: kleisto

Montag: deftera
Dienstag: triti
Mittwoch: tetarti
Donnerstag: pempti
Freitag: paraskevi
Samstag: savato
Sonntag: kiriaki
Sprechen Sie deutsch: Milás germaniká?
Ich verstehe nicht: den katalavaino

GESTIK

Vorsicht vor Verwechslungen: Um »Nein« zu sagen, kippt der Kreter den Kopf nach hinten, und um »Ja« zu sagen, wiegt er den Kopf von links nach rechts.

KAFENÍO (ΚΑΦΕΝΕΙΟ)

Eine Institution! Traditionelles Dorfcafé, in dem man sich unterhält, *tavli* (Backgammon) spielt oder einen griechischen Kaffee (*kafe elliniko*) trinkt. Keine Speisen.

PERIPTERO (ΠΕΡΙΠΤΕΡΟ)

Diese Kioske findet man in jedem Dorf oder an jeder Straßenecke. Sie sind echte Mini-Supermärkte, in denen man alles findet, was man sucht! Einige haben in den großen Städten die ganze Nacht geöffnet.

KOMBOLOÏ (ΚΟΜΠΟΛΟΪ)

Eine Art nicht religiöser Rosenkranz aus Perlen, der zwischen den Fingern gerollt wird. Die Kreter haben ihn scheinbar den ganzen Tag in der Hand. Man findet ihn überall und in allen Preisklassen.

SEHENSWERTES

ARCHÄOLOGISCHE STÄTTEN

- Es gibt oft wenig Schatten. Nehmen Sie immer Wasser und einen Hut mit und meiden Sie die heißesten Stunden.
- Oft mangelt es an Erklärungen (oder sie sind auf Griechisch, manchmal auf Englisch), und es gibt nicht immer einen Führer zu kaufen.
- Um die manchmal undurchsichtigen Relikte zu verstehen, sollten Sie sich vorbereiten.
- In der Hochsaison ist es sehr voll: Um den Andrang zu vermeiden, sollten Sie früh kommen.
- Da die Öffnungszeiten sehr variabel sind und sich ändern, informieren Sie sich immer vorab.

KIRCHEN UND KLÖSTER

Um religiöse Stätten zu besuchen, müssen Frauen ihre Knie und Schultern bedecken, Männer ihre Beine.

ORTSNAMEN

Da sich die Ortsnamen im Laufe der Zeit stark verändert haben, umbenannt wurden und aus dem Griechischen übersetzt werden, existieren mehrere Schreibweisen nebeneinander. Wir haben eine ausgewählt und nennen andere, die Ihnen begegnen können.

STRÄNDE

An allen Stränden werden Sonnenschirme und Liegestühle zu recht unterschiedlichen Preisen verliehen. Es ist immer möglich, ohne Bezahlung den Strand zu nutzen oder etwas weiter wegzugehen, um mehr Ruhe zu haben.

AUSSERHALB DER SAISON

Von Nov.–April sind viele Sehenswürdigkeiten und Museen geschlossen oder haben nur eingeschränkte Öffnungszeiten.

FESTE UND FEIERTAGE

FEIERTAGE

Kreta hat zwei Nationalfeiertage: Der 25. März erinnert an den Beginn des Aufstands gegen die Osmanen im Jahr 1821, der 28. Okt. an den »Tag des Neins«, an dem sich die Griechen 1940 weigerten, vor den Italienern zu kapitulieren.

Neujahr	1. Januar
Heilige Drei Könige	6. Januar
»Reiner Montag« (Beginn d. Fastenzeit)	49 Tage vor Ostern
Nationalfeiertag	25. März
Griechisch-orthodoxes Osterfest	beweglich
Tag der Arbeit und Frühlingsfest	1. Mai
Pfingstmontag	50 Tage nach Ostern
Mariä Himmelfahrt	15. August
Nationalfeiertag	28. Oktober
Weihnachten	25./26. Dezember

Das ganze Jahr über gibt es *panigyria*, lokale Feste, bei denen der Schutzheilige eines Dorfes gefeiert wird. In manchen Orten ist dies ein gesetzlicher Feiertag.

SEGNUNG DES MEERES

In allen Häfen wirft der Pope am 6. Jan. ein Kreuz ins Meer, um es zu segnen. Mutige Jugendliche tauchen dann, um es herauszufischen!

EINGESCHRÄNKT

Orthodoxe Ostern: Geschäfte, Museen, Sehenswürdigkeiten und Behörden sind geschlossen.
Pfingstmontag: Alles ist geschlossen.

»REINER MONTAG« (*KATHERI DEFTERA*)

Der erste Tag der Fastenzeit und das Ende des Karnevals: großer Frühjahrsputz, Picknicks oder fleischlose Mahlzeiten. Man lässt Drachen steigen.

TELEFON UND INTERNET

Das Mobilfunknetz auf Kreta ist ausgezeichnet. Festnetznummern beginnen mit einer 2 und Handynummern mit einer 6.

00 30 2840 028569

Internationale Vorwahl für Griechenland

Rufnummer

00 49 1 43 92 32 11

Internationale Vorwahl für Deutschland

Rufnummer ohne die 0

GEBÜHREN

Auch wenn Roaminggebühren im EU-Ausland nicht mehr erhoben werden, kann das Herunterladen von Daten schnell ins Geld gehen. Bevor Sie Ihr Limit überschreiten, erhalten Sie in der Regel eine Warnung Ihres Anbieters. Wer im Urlaub viel online unterwegs sein möchte, kann Datenpakete extra erwerben.

GESUNDHEIT UND SICHERHEIT

GESUNDHEIT

Vor dem Urlaub sollten Sie sich eine **Europäische Krankenversicherungskarte** (EHIC) besorgen, damit die Kosten für die medizinische Versorgung vor Ort übernommen werden.

SICHERHEIT

- Das Leitungswasser ist trinkbar.
- Zahlreiche gut sortierte Apotheken (*farmakeío*/φαρμακείο) (samstags oft geschlossen).
- Vorsicht bei Wanderungen durch die Schluchten: Gehen Sie nicht bei Regen oder starkem Wind (Überschwemmungen und Steinschlag!). Denken Sie an gutes Schuhwerk und Trinkwasser.
- Achten Sie auf den Straßenverkehr. Kreta ist nicht für seine Verkehrssicherheit bekannt.

NOTFALL

112 oder 166

STRÄNDE UND LAGUNEN

Elafonissi
Rosafarbener Sand und kilometerlange Strände.

Falassarna
Magisch bei Sonnenuntergang!

Balos
Wunderschöne Lagune mit goldenem Sand.

Vaï
Mit einem in Europa einzigartigen Palmenhain.

Matala
Eine Klippe mit Höhlen, die ins Meer ragt.

Preveli
Feiner Sandstrand vor steilen Klippen.

KIRCHEN UND KLÖSTER

Agia Triada
Juwel zwischen Oliven-bäumen und Zypressen.

Katholiko
In den Fels gegraben und verlassen.

Preveli
Zwei Klöster zwischen Bergen und Meer.

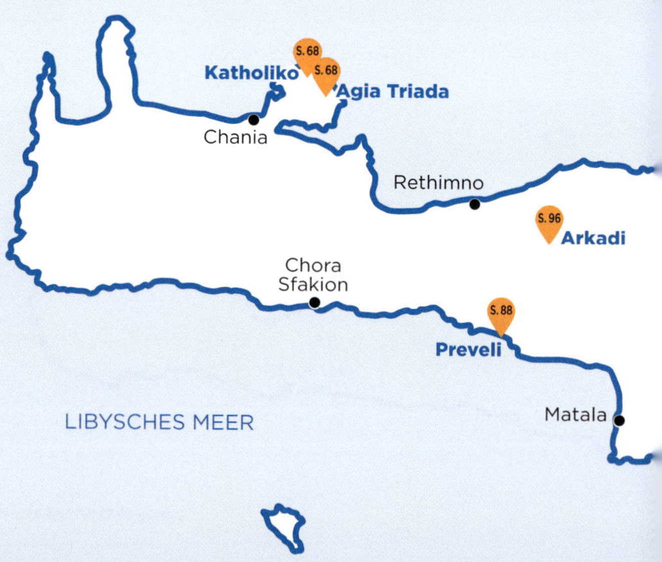

Panagia Kera
Dreischiffige Kirche mit wunderschönen Fresken.

Moni Toplou
Beeindruckende befestigte Klosteranlage.

Arkadi
Wahrzeichen in zauberhafter Umgebung.

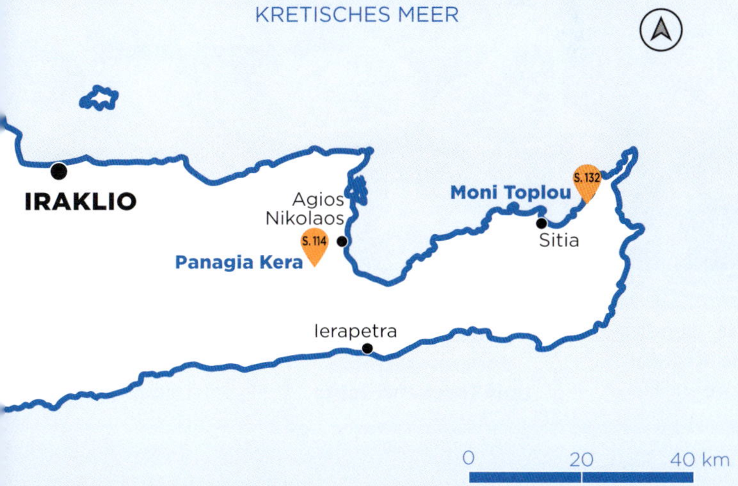

KRETA-DIÄT

EIN GESUNDES LEBEN

Die Kreta-Diät hat sich seit Jahrtausenden bewährt! Sie basiert auf einer gesunden Ernährung und soll die Lebenserwartung erhöhen, indem sie insbesondere das Herz-Kreislauf-Risiko senkt. Wenig Fett, Fleisch und Milch, stattdessen viel Obst und Gemüse.

Olivenöl
Am besten extra nativ.

Wein
Ein Glas Rotwein pro Tag.

Obst, Gemüse und Kräuter
In Hülle und Fülle.

Hülsenfrüchte, Vollkorngetreide und Trockenfrüchte

Fisch
Mäßig viel, ebenso wie Fleisch (Lamm, Geflügel).

KULINARISCHE SPEZIALITÄTEN

Dakos (Koukouvayia)
Gerstenbrot, belegt mit Tomaten, Feta und Oliven.

Horiatiki
Tomaten- und Gurkensalat mit Feta und Oliven.

Dolmades
Mit Reis gefüllte Weinblätter.

Pita gyros
Pita mit Fleisch, Zwiebeln, Tomaten und Pommes.

Khtapodia
Gegrillter oder in Essig eingelegter Oktopus.

Kleftiko
Lammfleisch mit Kartoffeln aus dem Ofen.

Saligaria (Hokhlii)
In Olivenöl mit Rosmarin gegarte Schnecken.

Bougatsa
Blätterteiggebäck mit Vanille- und Zimtsahne.

Kalitsounia
Käsesnack mit Honig und Zimt.

EIN WENIG GESCHICHTE

2700–1450 v. Chr.
Minoer

Bau von Palästen (Knossos, Phaistos, Malia) und Einführung der Linearschrift A. Allmähliche Aufgabe der Städte und Ende der minoischen Vorherrschaft um 1450.

1450 v. Chr.
Mykener

Zeit der wirtschaftlichen Entwicklung, Aufkommen der Linearschrift B und Hellenisierung der Insel (Anwesenheit griechischer Götter).

1100 v. Chr.
Dorer

Gewaltsame Invasion und Entstehung neuer Städte (z. B. Lato). Entwicklung eines Militär- und Verteidigungssystems für die Insel.

69–67 v. Chr.
Römer

Rom übernimmt die Macht. Christianisierung durch den Apostel Paulus und seinen Schüler Titus, der die Kirche von Kreta gründet. Gortyn wird zur ersten Stadt.

4.–13. Jh.
Araber und Byzantiner

Die Araber gründen Candia (Iraklio), die Insel wird zum Piratenstützpunkt. Der byzantinische Kaiser Nikephoros II. Phokas übernimmt 961 wieder die Macht.

13.–17. Jh.
Venezianer

Die Insel wird 1204 an die Venezianer verkauft, die sie 400 Jahre lang besetzt halten. Sie hinterlassen zahlreiche Spuren.

17.–19. Jh.
Osmanen

1641: Die Osmanen erobern die Insel. Candia gibt nach einer 21-jährigen (!) Belagerung auf. Zahlreiche Aufstände und blutige Unterdrückung.

19. Jh.
Aufstände und Autonomie

1821: Beginn des Unabhängigkeitskriegs. 1866: Belagerung des Klosters Arkadi. 1898: Von den Großmächten erzwungene Autonomie. Prinz Georg verwaltet Kreta.

1900
Ausgrabungen in Knossos

Sir Arthur Evans schreibt den Palast König Minos zu und benennt die minoische Kultur nach ihm. Seine Theorien werden heute in Frage gestellt.

1913
Vereinigung mit Griechenland

Venizelos führt eine Rebellion gegen Prinz Georg an, der daraufhin zurücktritt. Als Premierminister Griechenlands erreicht er die Vereinigung mit Griechenland.

1941
Schlacht um Kreta

Mit dem »Unternehmen Merkur« erobert Nazideutschland Kreta und besetzt den Westteil der Insel. Bis Kriegsende begeht die Wehrmacht Kriegsverbrechen.

Seit 1970
Ausbreitung des Tourismus

An der Nordküste gibt es zahlreiche Badeorte und große Hotels, während sich im Inneren der Insel der Agrotourismus entwickelt.

MYTHOLOGIE

KRONOS

Anführer der Titanen und Vater von Zeus. Er heiratet seine Schwester Rhea, verschlingt aber aus Angst, entmachtet zu werden, fünf der gemeinsamen Kinder.

RHEA

Als Ehefrau von Kronos und wütend darüber, dass er ihre Kinder verschlingt, flieht sie nach Kreta, um Zeus heimlich in der Höhle von Psychro zu gebären.

ZEUS

Sohn von Rhea und Kronos, der von Nymphen aufgezogen wird. Verheiratet mit seiner Schwester Hera, verführt er Europa, die Minos gebärt.

Höhle von Psychro (S. 103)

EUROPA

Sie wird von Zeus verführt, der sich dafür in einen Stier verwandelt. Aus der Vereinigung mit dem Göttervater in Gortyne entspringen Minos und seine zwei Brüder.

Gortyne (S. 144)

MINOS

König von Kreta, nach dem die minoische Kultur benannt ist. Er lässt ein Labyrinth bauen, um den Minotaurus einzusperren, der jedes Jahr 14 Athener verschlingt.

Knossos (S. 54)

ARIADNE

Tochter von Minos und Pasiphae. Sie liebt Theseus, der zum Kampf gegen den Minotaurus gekommen ist, und hilft ihm, aus dem Labyrinth zu entkommen.

THESEUS

Der Sohn von Ägeus kämpft gegen den Minotaurus. Mithilfe eines Fadens, den er von Ariadne erhalten hat, kann er aus dem Labyrinth entkommen.

MINOTAURUS

Halb Mensch, halb Stier, geboren aus der Verbindung von Pasiphae mit einem Stier. Minos lässt ihn in einem von Daedalus entworfenen Labyrinth einsperren.

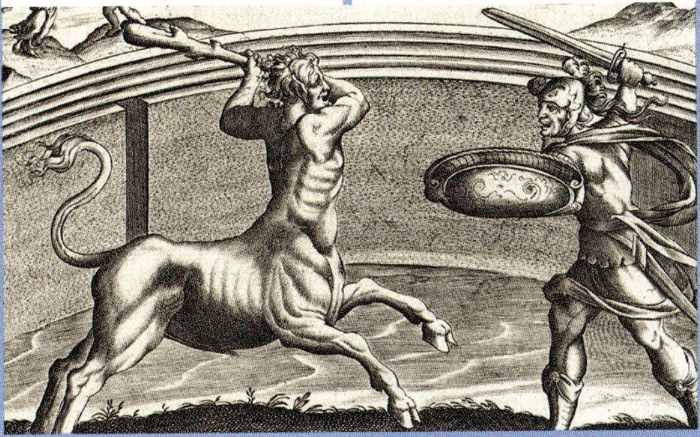

DÄDALUS UND IKARUS

Dädalus baut das Labyrinth, um den Minotaurus einzusperren. Er hilft Ariadne, Theseus zu befreien, wird aber mit seinem Sohn Ikarus gefangen genommen. Für die Flucht fertigt er Flügel aus Wachs an, die aber schmelzen, da Ikarus der Sonne zu nahe kommt.

Knossos (S. 54)

MINOISCHE STÄTTEN

Knossos
Legendärer Palast von König Minos.

Phaistos
Spektakulärer Ort zwischen Ebene und Bergen.

Agia Triada
Palast mit Blick auf die Messara-Ebene.

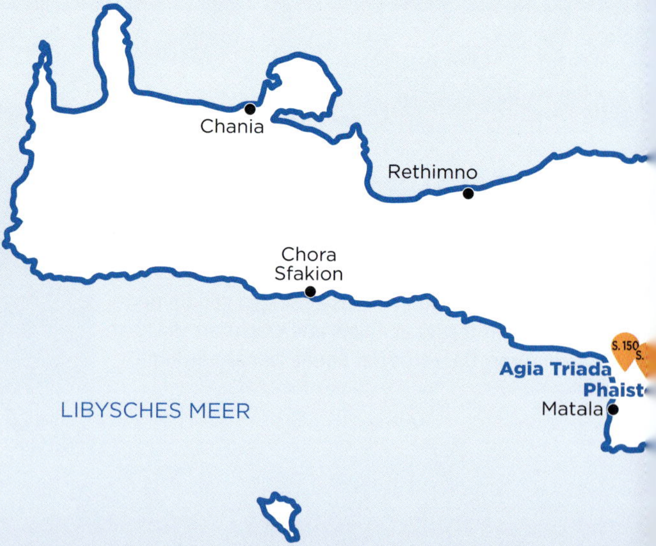

Zakros
Minoischer Palast bei einem schönen Strand.

Malia
Ruinen, riesige *pithoi* und Blick auf das Meer.

Gournia
Am besten erhaltene antike Stadt der Insel.

OUTDOOR-AKTIVITÄTEN

TAUCHEN

Mit einer Küstenlinie von 1000 km und warmem, klarem Wasser bietet die Insel zahlreiche Angebote zum Tauchen und Schnorcheln.

BUNGEE-JUMPING

Stürzen Sie sich von der 138 m hohen Brücke über die beeindruckende Aradena-Schlucht. Adrenalin ist garantiert (S. 84)!

BOOTSAUSFLÜGE

Erkunden Sie die fabelhaften Lagunen von Balos, Elafonissi und Chryssi und legen Sie auf der Insel Spinalonga oder im abgelegenen Dorf Loutro an.

WANDERN

Der Europäische Fernwanderweg E4, der längste Europas, verläuft von Ost nach West durch Kreta – eine gute Gelegenheit, die Insel auf dem Landweg zu erkunden. Zusammen mit den zahlreichen Schluchten und den Weißen Bergen (*Lefka Ori*), dem Psiloritis (mit 2456 m der höchste Berg der Insel) und dem Dikti-Gebirge sind die Wandermöglichkeiten schier endlos.

WINDSURFEN

Da die Küsten Kretas recht windig sind, eignen sie sich gut zum Windsurfen, vor allem in Koureménos im Osten.

SCHLUCHTEN UND CANYONS

Wenn Sie in einer Schlucht wandern wollen, sollten Sie nicht unvorbereitet losgehen:

- **Gehen Sie nicht bei Regen oder starkem Wind**
- **Denken Sie an ausreichend Trinkwasser, eine Kopfbedeckung und festes Schuhwerk**

Samaria-Schlucht
16 km durch einen spektakulären Canyon.

Imbros-Schlucht
Steile und enge Wände.

Aradena-Schlucht
Von den Weißen Bergen bis zum Strand.

Kritsa-Schlucht
Ein schmaler Canyon und steile Felswände.

Tal der Toten
Wunderschön und leicht zu gehen.

VENEZIANISCHE FESTUNGEN

Kastro Koules
Zeuge der Geschichte am Hafen von Iraklio.

Kazarma
Majestätische Festung hoch über Sitia.

Fortezza
Hoch über dem Meer mit Aussicht auf Rethimno.

Frangokastello
Am Meer gelegene venezianische Burg.

Spinalonga
Festung, die den Hafen von Elounda schützte.

Gramvoussa
Blick auf die Bucht und die Lagune von Balos.

LAND DER OLIVENBÄUME

Menge

Mit etwa 40 Mio. Bäumen bei rund 630 000 Einwohnern bedecken die Olivenhaine Kretas fast ein Viertel der Gesamtfläche der Insel.

Sorten

Die auf Kreta verbreitetste Sorte ist die Koroneiki. Sie ist widerstandsfähig gegen trockenes Klima. Geerntet wird von November bis Januar.

Produktion

Griechenland ist das drittgrößte Olivenöl produzierende Land der Welt (300 000 t pro Jahr). Ein Drittel der Produktion entfällt auf Kreta.

Alter

Ein Olivenbaum kann 150 Jahre lang Oliven tragen! Der älteste auf Kreta soll 3250 Jahre alt sein und ist in Kavousi (S. 122) zu sehen.

Heilig

Der Olivenbaum war den Minoern ein heiliger Baum und spielte eine herausragende Rolle. In den minoischen Palästen wurde das Öl in *pithoi* aufbewahrt.

Rekord

Kreta hat acht geschützte Ursprungsbezeichnungen für Olivenöl!

BERÜHMTE KRETER

MICHAIL DAMASKINOS

Ikonenmaler der Kretischen Schule (1530–1593), der viele Künstler inspirierte. Einige seiner Werke sind im Museum für Christliche Kunst in Iraklio zu sehen (S. 51).

EL GRECO

Domínikos Theotokópoulos (1541–1614) ist aus der Kretischen Schule hervorgegangen. Zwei seiner Gemälde befinden sich im Historischen Museum in Iraklio (S. 51).

ELEFTHÉRIOS VENIZÉLOS

Griechischer Politiker (1864–1936), der als Gründer des modernen Griechenlands gilt. Er gründete die Liberale Partei, wurde Premierminister und forderte bereits 1897 den Anschluss Kretas an Griechenland.

NIKOS KAZANTZAKIS

Berühmter kretischer Schriftsteller (1883–1957), Autor u.a. des Romans *Alexis Sorbas*, der 1964 mit Anthony Quinn in der Titelrolle verfilmt wurde. In Iraklio kann man die Rekonstruktion seines Arbeitszimmers im Historischen Museum (S. 51) und sein Grab auf der Spitze der Martinengo-Bastion auf der Stadtmauer besichtigen.

IRAKLIO — CHANIA — CHORA SFAKION — RETHIMNO — IRAKLIO

DER WESTEN KRETAS

1 Iraklio und Knossos

Daran kommt man nicht vorbei
1–2 Tage

2 Chania

Im Juwel im Westen der Insel
3–4 Tage

3 Chora Sfakion

Ein Ziel für Individualurlauber
1 Tag

Das Beste aus dem wilden Kreta zwischen Schluchten und Lagunen in vier Etappen.

TOUR 1

Charmant und friedlich
1–2 Tage

Von Chania:
Die Halbinsel Akrotiri und Elafonissi

ETAPPE 1 IRAKLIO UND KNOSSOS

VOM FLUGHAFEN NACH IRAKLIO

Bus: Alle Busse fahren ins Stadtzentrum (6–23 Uhr), 10–15 Min. Fahrtzeit.
Taxi: ca. 10 Min.

VON IRAKLIO NACH KNOSSOS

Bus: blauer Bus 2 vom Busbahnhof A. Fahrkarte am Busbahnhof, in Kiosken oder an Automaten (im Bus teurer), 20–30 Min. Fahrzeit.
Auto/Taxi: 20 Min. vom Stadtzentrum oder 15 Min. vom Flughafen.

INFOS & ADRESSEN

Autovermietungen: am Flughafen (im Sommer bis spät in die Nacht geöffnet).
Gepäckaufbewahrung: am Flughafen und am Busbahnhof A.
Touristeninfo: Pl. Nikiforou-Foka. Mo–Fr 8–15 Uhr. Broschüren, Stadtpläne, Busfahrpläne.

SEHENSWERTES

- Sie erhalten in einem Tag einen guten Überblick über die Stadt und die wichtigsten Sehenswürdigkeiten.
- Verpassen Sie auf keinen Fall das Archäologische Museum.
- Für Knossos sollten Sie rund 2 Std. einplanen.

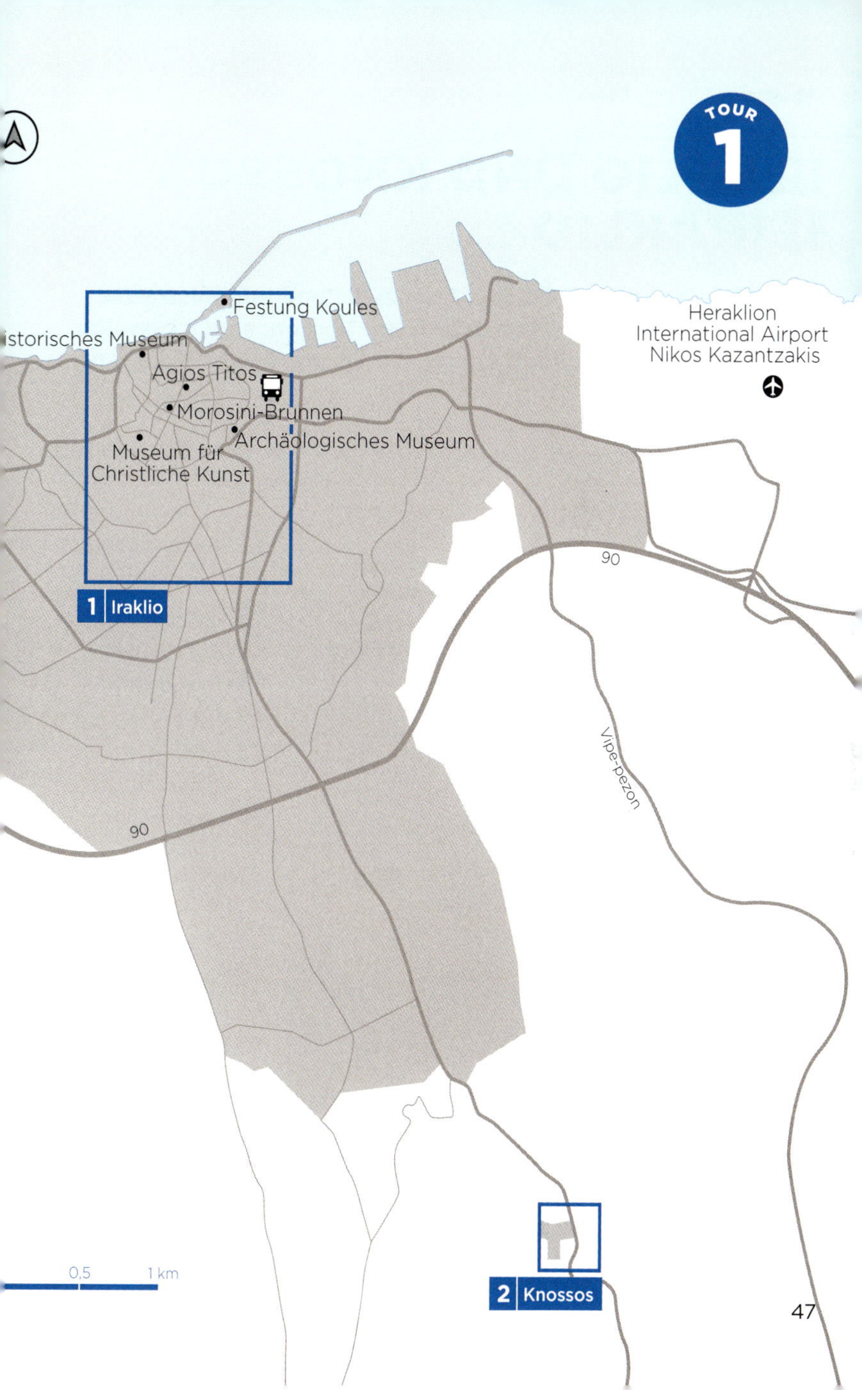
TOUR 1
Festung Koules
istorisches Museum
Agios Titos
Morosini-Brunnen
Archäologisches Museum
Museum für Christliche Kunst
Heraklion International Airport Nikos Kazantzakis
90
90
Vipe-pezon
1 Iraklio
2 Knossos
0,5
1 km

IRAKLIO UND KNOSSOS

1 IRAKLIO

Iraklio ist das wirtschaftliche, finanzielle und administrative Zentrum der Insel, die Hauptstadt der Region, eine lebendige Hafenstadt, der man noch immer die Spuren ihrer bewegten Vergangenheit ansieht.

- **Iraklio auf Griechisch: Ηρακλειο (Candia bei den Venezianern)**
- **Im Stadtzentrum viel Verkehr, Parken ist problematisch**
- **Der 11. Nov. ist Feiertag in Iraklio (Festtag für Minas, den Schutzpatron der Stadt)**
- **Sommerfestival (Juli–Sept.): Konzerte, Aufführungen, Kinderprogramm und Filmvorführungen**

SEHENSWERTES

- A Archäolog. Museum
- B Morosini-Brunnen
- C Venez. Loggia
- D Agios Titos
- E Stadtmauer
- F Festung Koules
- G Hist. Museum (IMK)
- H Museum für Christliche Kunst
- I Kathedrale

RESTAURANTS

- 1 Peskesi
- 2 Lychnostatis
- 3 Ippokambos
- 4 Kouzineri
- 5 Terzakis
- 6 Herb's Garden
- 7 Cooking with love

CAFÉS UND BARS

- 8 Savoidakis
- 9 Phyllosofies
- 10 Kirkor
- 11 Utopia
- 12 Mare
- 13 Veneto
- 14 Opus Wine Bar
- 15 Xalavro OpenBar

TOUR 1
Festung Koules F
Venezianischer Hafen
G Historisches Museum (IMK)
Sofokli
Venizelou
Mitsotaki
PL. 18 AGGLON
Gazi
Thálita
Vironos
Epimenidou
PL. KOUNDOURIOTI
Koroneou
D Agios Titos
PL. AGIOS TITOS
Busbahnhof A
El-Greco-Park
C Venezianische Loggia
Haralampi
PL. VENIZELOU
B Morosini-Brunnen
Museum für Christliche Kunst
H
PL. NIKIFOROS FOKAS
A Archäologisches Museum
Merambellou
Hatzidáki
Milatou
Korai
Dedalou
Dikaiosinis
M. Giánnari
PL. ELEFTHERIAS
PL. DASKALOIANIS
Markt
Evans
Koziri
Zografou
Averof
I Kathedrale
Kalokerinou
Ioaninon
Tálo
Kyrilou
Karterou
Loukareos
Vikela
PL. KORNAROU
Trifistou
Anapoleos
Miliara
Arhánon
Dimokratias
Georgiadi-Park
Viglas
PL. VIGLAS
Pediados
Ieronimaki
Trikoupi
Romanou
Nikolaou
Plastira
Grab von Kazantzakis
Freilichttheater Nikos Kazantzakis
Stadtmauer
E
Georgiadou
Akadimias
Knossou
Hrisostómou
E. Kastrináki
Miliaráki
Papandreou
Georgiou
Ethnikis Antistásseos
Piránthou
100
200 m

IRAKLIO UND KNOSSOS

1 IRAKLIO SEHENSWERTES

A ARCHÄOLOGISCHES MUSEUM

Xanthoudidou | tgl. | Eintritt

Nicht versäumen: das Museum mit der größten Sammlung minoischer Objekte in Griechenland. Unverzichtbare Einführung in die archäologischen Stätten der Insel (Fresken von Knossos).

B MOROSINI-BRUNNEN

Pl. Venizelou

Wird auch »Löwenbrunnen« genannt. Er wurde vom venezianischen Dogen Morosini in Auftrag gegeben und mit Wappen und maritimen und mythologischen Szenerien versehen.

C VENEZIANISCHE LOGGIA

25-Avgoustou

Im 17. Jh. im palladianischen Stil erbaut. Dieser Ort, an dem sich der Adel zu politischen Fragen traf, ist heute das Rathaus von Iraklio. Seine Fassade ist sehenswert!

D AGIOS TITOS

Pl. Agios Titos

Byzantinisch, dann venezianisch, wurde in eine Moschee umgewandelt, bevor sie wieder orthodoxe Kirche wurde. Reliquie des heiligen Titus, Gründer der christlichen Kirche auf Kreta.

E STADTMAUER

frei zugänglich

5 km und sieben Bastionen, die die Altstadt schützten, insbesondere während der 21-jährigen Belagerung im 17. Jh. Auf der Spitze der Martinengo-Bastion befindet sich das Grab des Schriftstellers Kazantzakis.

 Die jeweiligen Öffnungszeiten finden Sie im Register ab S. 152.

TOUR 1

IRAKLIO UND KNOSSOS

1 IRAKLIO SEHENSWERTES

F FESTUNG KOULES

tgl. | Eintritt

Im 16. Jh. erbaut, später von den Türken eingenommen und als Gefängnis genutzt. Der Markuslöwe zeugt von der militärischen Macht der Venezianer und ihrer Herrschaft über die Insel.

G HISTORISCHES MUSEUM (IMK)

Sofokli Venizelou 27 | April–Nov. So. geschl. | Eintritt

Fabelhafte Reise durch die Geschichte Kretas und seine zahlreichen Besatzungsperioden (byzantinisch, venezianisch, arabisch, osmanisch) bis hin zur Schlacht um Kreta, als die Wehrmacht im Zweiten Weltkrieg die Insel überfiel. Außerdem kann man die Rekonstruktion des Büros des Schriftstellers Kazantzakis und die beiden einzigen auf Kreta vorhandenen El-Greco-Gemälde sehen!

H MUSEUM FÜR CHRISTLICHE KUNST

Karterou | tgl. | Eintritt

Byzantinische sakrale Kunst seit dem 14. Jh. In der Kirche Agia Ekaterini befindet sich eine der schönsten Ikonensammlungen Griechenlands, darunter die Werke von Damaskinos.

I KATHEDRALE

Sie wurde im 19. Jh. erbaut und ist dem Schutzheiligen der Stadt, dem hl. Minas, geweiht. Repräsentativ für orthodoxe Kirchen mit Fresken, Vergoldungen und imposanten Kronleuchtern.

IRAKLIO UND KNOSSOS

1 IRAKLIO RESTAURANTS

1 PESKESI

»Eine der besten Tavernen der Insel! Authentisch, kretisch, saisonal. Das Gemüse kommt vom eigenen Bauernhof.«
Kapetan Haralampi 6–8 | tgl. 13–2 Uhr | Reservierung empfohlen: © 28 10 028 88 87

2 LYCHNOSTATIS

- Hausgemachte griechische Gerichte mit frischen Zutaten, guter lokaler Wein.
- Angenehmer Service, schmackhafte Speisen.

Ioannou Chronaki 8 | nur abends

3 IPPOKAMBOS

- Frischer Fisch, gegrilltes Fleisch und traditionelle Vorspeisen.
- Auf der Straße, aber mit Blick auf das Meer und den Hafen.

Sofokli Venizelou 3 | tgl. 12.30–23.30 Uhr

4 KOUZINERI

- Fleisch von hoher Qualität, gekonnt zubereitet.
- Kleine Terrasse, sehr üppige Portionen.
- Gute Weinkarte.

Marinelli 11 | tgl. 12.30–24 Uhr

5 TERZAKIS

- An einem ruhigen Platz gelegen.
- Traditionelle Küche (u.a. Schnecken).
- Herzlicher Empfang.

Marinelli 17 | tgl. 11.30–1 Uhr

6 HERB'S GARDEN

- Rooftop des Hotels Lato: atemberaubende Aussicht.
- Kreative Gourmetküche.

Epimenidou 15 | Mai–Okt. tgl. 13–24 Uhr

7 COOKING WITH LOVE

- »Mageirevontas me agapi« auf Griechisch. Sehr kleiner Raum, großzügige Portionen.
- Köstliche hausgemachte Küche und lokales Bier.

Koronéou 21 | Mo–Sa 13–19 Uhr

TOUR 1

IRAKLIO UND KNOSSOS

1 IRAKLIO CAFÉS UND BARS

8 SAVOIDAKIS

• Bäckerei mit großer Auswahl an süßen und herzhaften Speisen: Blätterteiggebäck mit Spinat oder Käse, griechische und orientalische Backwaren, Sandwiches, Eis.

Dikaiossinis 7 | tgl. 6–23 Uhr

9 PHYLLOSOFIES

»Das Blätterteiggebäck mit Schafskäse, Honig und Walnüssen ist zum Verrücktwerden! Ich genieße es zum Frühstück oder als Snack.«

Pl. Venizelou | tgl. 6–24 Uhr

10 KIRKOR

• Die beste *bougatsa* in Iraklio (süßes oder herzhaftes Blätterteiggebäck).

Pl. Venizelou | tgl. 6–22 Uhr

11 UTOPIA

• Altmodisches Café.
• Beste heiße Schokolade der Stadt.
• Kuchen und Eis.

Handakos 51 | tgl. 9–2 Uhr

12 MARE

• Terrasse am Meer.
• Tagsüber Café, abends Cocktails und den ganzen Tag über Essen (Frühstück, Sandwiches, Salate und Fleischgerichte).

Sofokli Venizelou | 9–3 Uhr

13 VENETO

• Terrasse mit Blick auf den Hafen, ideal für einen Kaffee oder einen Cocktail.

Epimenidou 9 | tgl. 10–2 Uhr

14 OPUS WINE BAR

• Weinbar, wunderschön aufgemacht.
• Schöne Speisekarte, abends manchmal Konzerte.

Charalampi 3 | Mo–Fr 16–2, Sa, So 9.30–2 Uhr

15 XALAVRO OPENBAR

• Open-Air-Bar in einem baumbestandenen Innenhof.
• Lounge-Musik, trendige Atmosphäre.
• Gute Weine, gepflegte Cocktails.

Milatou 10 | tgl. 10–4 Uhr

IRAKLIO UND KNOSSOS

2 KNOSSOS

- **Knossos auf Griechisch: Κνωσός**
- **Bus 2 vom Busbahnhof A in Iraklio**
- **Es gibt ein Kombiticket mit dem Archäologischen Museum, gültig für 3 Tage**
- **tgl. geöffnet**
- **Geführte Tour: 1.5 Std., Beschilderung auf Griechisch und Englisch**
- **Sehr wenig Schatten, viele Menschen: früh oder am Ende des Tages kommen**

FRESKEN

Alle Fresken sind Reproduktionen, die Originale werden im Archäologischen Museum von Iraklio aufbewahrt.

DER PALAST

Der britische Archäologe Arthur Evans, der den Palast ab 1900 ausgrub, schrieb ihn dem legendären König Minos zu. Die Größe der Anlage und ihre Komplexität sowie die zahlreichen Stierdarstellungen ließen ihn an die Legende vom Minotaurus und dem Labyrinth des Dädalus denken. Evans lässt auf diese Weise eine neue Zivilisation entstehen, die von seinen Fantasien und einer Vorstellungskraft genährt wird, der es an wissenschaftlichen Grundlagen fehlt. Heute sind viele seiner Theorien widerlegt und seine Rekonstruktionen verpönt, doch auch wenn der Palast zubetoniert und entstellt ist, bleibt er ein fabelhaftes Zeugnis der minoischen Kultur.

EINIGE BEGRIFFE

Propyläen: monumentales Eingangstor.
Megaron: große rechteckige Halle mit Vorhalle, Vestibül und Foyer.
Agora: Hauptplatz der Stadt.
Magazine: Räume, in denen Vorräte oder Waren gelagert wurden.
Lustral: diente der Reinigung.

ELIA & DIOSMOS

Skalani, 4 km von Knossos

- Schattige Terrasse.
- Hausgemachte, typisch griechische und kretische Gerichte.
- Feine Küche zu vernünftigen Preisen.

Iphigeneia 1 | Di–So 11–24 Uhr

TOUR
1

IRAKLIO UND KNOSSOS

2 KNOSSOS SEHENSWERTES

A WESTHOF

Links vom Eingang, gegenüber der Evans-Statue, befinden sich drei Schächte, sogenannte *kouloures*, die als Getreidesilos oder auch als Opfergruben für religiöse Zeremonien dienten.

B SÜDPROPYLON

Monumentales Tor mit der Rekonstruktion des Freskos der großen Prozession und der Stierhörner. Treppe zu den Räumen, in denen Öl, Wein und Getreide gelagert wurden.

C THRONSAAL

Geschützt durch eine Scheibe

Die Entdeckung des Throns beeinflusste die These vom Königspalast. Greifenfresko und Stufen zu einem Lustralbecken, das wahrscheinlich für religiöse Reinigungen genutzt wurde.

D ZENTRALHOF

Der Hof in der Mitte des Palastes beeindruckt durch die gigantischen Ausmaße und diente wahrscheinlich als Austragungsort für Stierkämpfe. Der Zugang erfolgt über den Korridor des Lilienprinzen.

E GROSSES TREPPENHAUS

Spektakulär, von einem Lichtschacht überragt, führte es zu den königlichen Gemächern und bediente vier Stockwerke. Eines der beeindruckendsten Relikte. Der Zutritt ist verboten.

F KÖNIGLICHE GEMÄCHER

Nicht zugänglich

Das Megaron der Königin, verziert mit einem wunderschönen Delfinfresko, ein Badezimmer (Terrakottawanne) und das an den Saal der Äxte angrenzende Megaron des Königs.

G *PITHOI*-MAGAZINE

In den Magazinen, die als Vorratskammern dienten, wurden zahlreiche Krüge gefunden. Diese riesigen *pithoi* enthielten wahrscheinlich hauptsächlich Olivenöl oder Wein.

H NORDHOF UND KÖNIGLICHE STRASSE

Ein Stierfresko auf der Ebene des Nordhofes. Stufen führen zu dem ältesten bekannten gepflasterten Weg, der 4 m breit ist und zu den Häfen von Knossos führte.

 Die jeweiligen Öffnungszeiten finden Sie im Register ab S. 152.

TOUR 1

Ausgang
Königliche Straße
Königliche Loge
H Nordhof
Nordeingang
Lustral
Magazine
Schächte
Korridor der Magazine
C Thronsaal
Lustral
Magazine
G Pithoi-Magazine
Töpferwerkstatt
Westhof
A
Ost-Eingang
Magazine
D Zentralhof
Magazin der Gefäße
E Große Treppe
Megaron des Königs
Korridor des Lilienprinzen
F Königliche Gemächer
Megaron der Königin
B Südpropylon
Südkorridor
Saal der Äxte
Lustral
0 10 20 m

VON IRAKLIO NACH CHANIA

- **Strecke: 140 km (2 Std. reine Fahrzeit)**
- **Bus: 3 Std. (Haltestelle Géorgioupolis, Aptéra)**
- **Ein kleiner Zug (Talos Express) fährt nach Argiroupoli, Géorgioupolis und zum Kournas-See**

ARGIROUPOLI (ΑΡΓΥΡΟΥΠΟΛΗ)

Ein reizendes Dorf in den Bergen, in dem Spuren der antiken Stadt Lappa entdeckt wurden (u.a. Mosaik und Nekropole). Wasserfälle machen den Ort im Sommer zu einem lohnenden Zwischenstopp.

GEORGIA'S

Kournas-See

- Traditionelle Küche mit frischen Produkten.
- Herzlicher Empfang.

Kurz vor dem Kournas-See | tgl. 10–22 Uhr

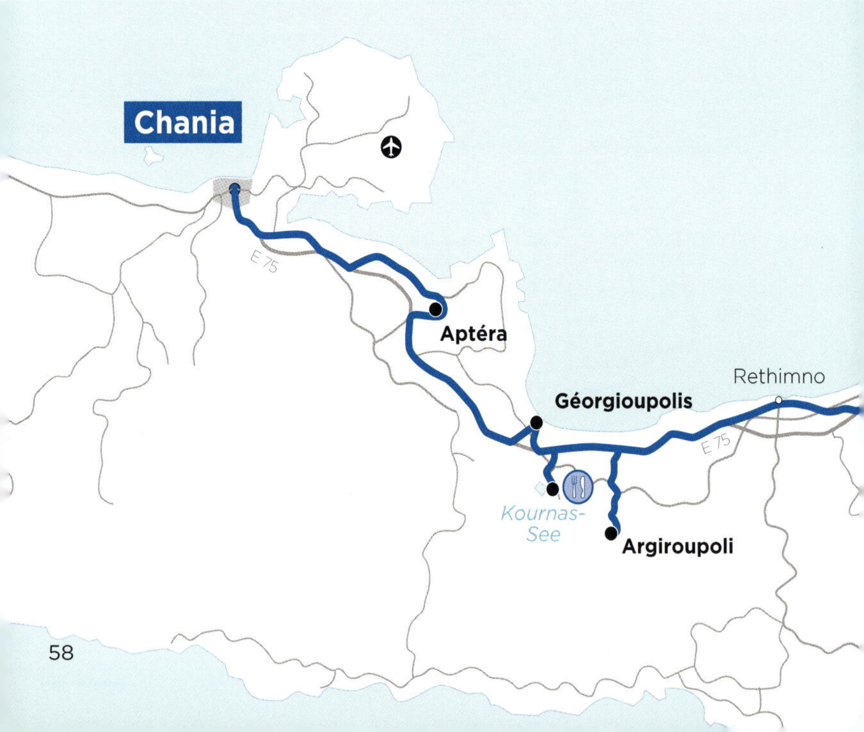

TOUR 1

KOURNAS-SEE (ΛΙΜΝΗ ΚΟΥΡΝΑ)

Der einzige Süßwassersee auf Kreta, der Schildkröten und Zugvögeln ein Zuhause bietet. Charmanter Ort zum Schwimmen. Der See ist nicht mit dem Bus, sondern mit einem kleinen Zug erreichbar.

GÉORGIOUPOLIS (ΓΕΩΡΓΙΟΥΠΟΛΗ)

Das ehemalige Fischerdorf ist heute ein angenehmer Badeort mit einem 9 km langen Sandstrand und einer Kapelle am Ende des Stegs.

APTÉRA (ΑΠΤΕΡΑ)

Di–So | Eintritt

Ruinen einer Stadt aus dem 8. Jh. v. Chr. mit römischen Überresten: Villa, Zisternen, Amphitheater. Zudem eine von den Türken übernommene venezianische Festung. Atemberaubender Ausblick.

ETAPPE 2 CHANIA UND UMGEBUNG

Chania ist ein guter Ausgangspunkt, um die Halbinsel Akrotiri zu erkunden, die sich über die Stadt erhebt, die paradiesischen Strände der Westküste zu entdecken und durch die sagenumwobene Samaria-Schlucht zu wandern.

Alle diese Ausflugsziele sind mit dem Bus erreichbar, Fahrpläne und Infos auf der Website www.e-ktel.com

Kombiticket (drei Tage gültig) für:

- **das Archäologische Museum in Chania**
- **die Byzantinische Sammlung in Chania**
- **das Archäologische Museum von Kissamos**
- **Aptera (S. 59)**

SEHENSWERTES

1. Chania
2. Die Nordwestspitze
3. Samaria-Schlucht

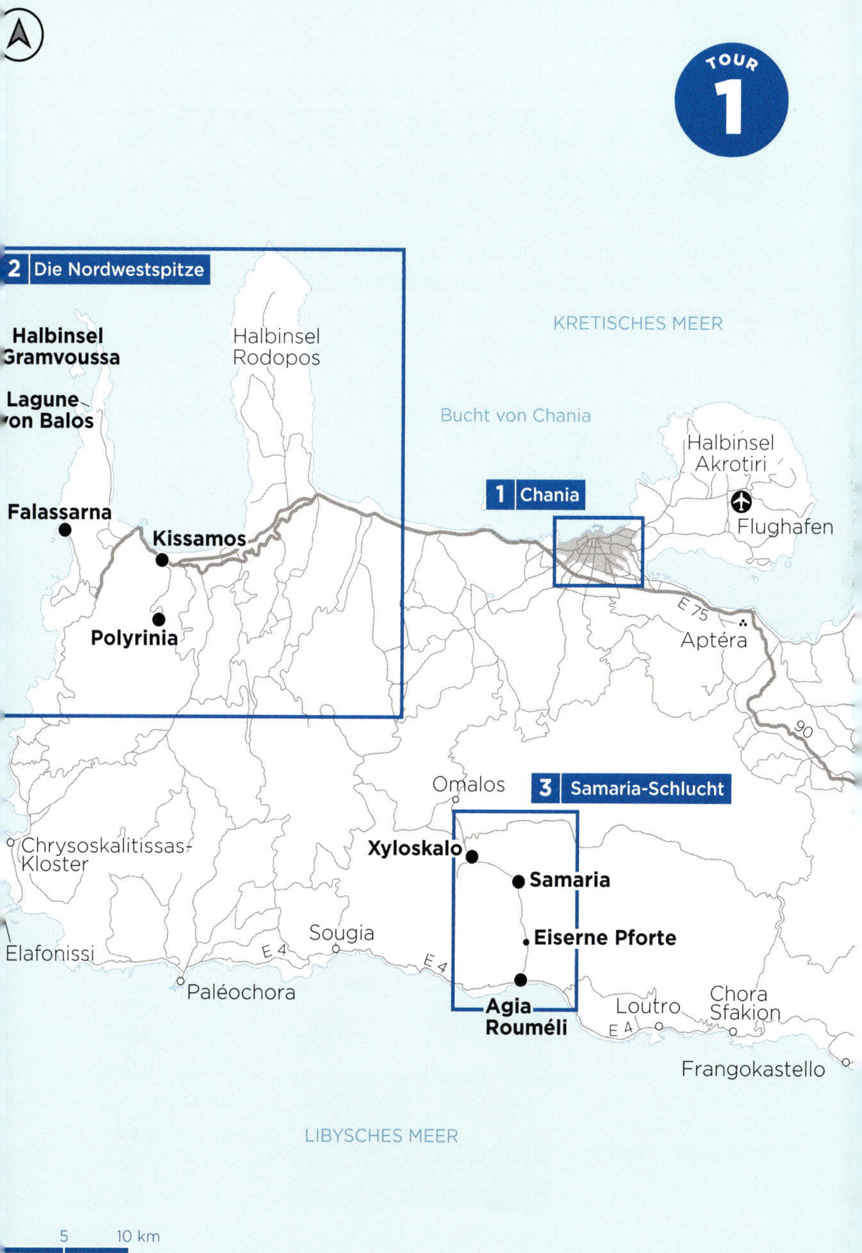
TOUR 1
2 Die Nordwestspitze
Halbinsel Gramvoussa
Lagune von Balos
Halbinsel Rodopos
Falassarna
Kissamos
Polyrinia
KRETISCHES MEER
Bucht von Chania
1 Chania
Halbinsel Akrotiri
Flughafen
E 75
Aptéra
90
Omalos
3 Samaria-Schlucht
Xyloskalo
Samaria
Eiserne Pforte
Agia Rouméli
Chrysoskalitissas-Kloster
Elafonissi
Sougia
E 4
Paléochora
Loutro
Chora Sfakion
Frangokastello
LIBYSCHES MEER
5
10 km

CHANIA UND UMGEBUNG

1 CHANIA

Osmanisch und venezianisch, von Stadtmauern umgeben und von der UNESCO zum Weltkulturerbe erklärt, ist Chania die schönste Stadt der Insel!

- **Griechisch: Χανιά**
- **Teilweise Fahrverbot im Zentrum**
- **Kombitickets: Archäologisches Museum + Byzantinische Sammlung, Maritimes Museum + Neorio Moro**
- **Sommerfestival (Juli–Sept.): Musik und Aufführungen**
- **Chania Rock Festival (ein Wochenende Ende Juni/ Anfang Juli): Rock- und Metal-Konzerte**
- **Dance Days (Juli): Internationales Festival für modernen Tanz**
- **Jahrestag der Schlacht um Kreta: eine Woche Ende Mai**
- **21. Nov: Feiertag (Fest der Schutzheiligen der Stadt)**

SEHENSWERTES

- A Venezian. Hafen
- B Topanas
- C Evraiki (ehem. jüdisches Viertel)
- D Folklore Museum
- E Kastelli
- F Kathedrale
- G Splanzia (ehem. osmanisches Viertel)

RESTAURANTS

1. Tamam
2. Salis
3. Chrisostomos
4. To Stachi
5. Pigadi tou Tourkou
6. To Maridaki
7. Kouzina E.P.E.
8. Thalassino Ageri

CAFÉS UND BARS

9. Bougatsa Iordanis
10. Kipos Cafe
11. To Artopolion
12. Fagotto Jazz Bar
13. Sinagogi Bar
14. Monastiri tou Karolou
15. Koukouvayia

TOUR 1
Byzantinische Sammlung San Salvatore
Leuchtturm
Festung-Firkas
Venezianischer Hafen
Nautisches Museum
KASTELLI
Docks Neorio Maro
Akti Enoseos
Deftalionos
Venezianische Arsenale
Kalergon
Ikaros
Zweite venezianische Stadtmauer
Akti Miaouli
Theotokopoulou
Janitscharen-Moschee
Lithinon
Minoisches Haus
Agios Markou
Archoleon
Sifaki
TOPANAS
Pireos
SPLANZIA
Minoos
Theofanus
PL. VENIZELOU
Kanevaro
Erste venez. Stadtmauer
Sifaka
Vourdouba
PL. 1821
Agios Nikolaos
Zambeliou
EVRAIKI
Karaoli
Dimitriou
A. Melidoni
Skoufon
Kondylaki
Archäologisches Museum
K. Sarpaki
Daskaloianis
Synagoge
Portou
Kathedrale
Chatzimichali
N. Episkopou
Tsouderon
Bastion Schiavo
Folklore Museum
Skridlof
Überdachter Markt
Nikiforou Foka
Verovits Passa
El.-Venizelou
Halidon
PL. S. VENIZELOU
Manousogiannakido
Hatzi
Mikali
Ghianari
Michelidaki
Skalidi
PL. M. KRITIS
Kriari
Andrea Papandreou
Nissamou
PL. 1866
Koraka
Karaiskaki
Tzanakaki
Stadtpark
Kidonias
Apokoronou
Sfakion
Simirakidon
K. Sfakianaki
Ipsilanton
Peridou
Boniali
Mylonogianni
Kornarou
Smirnis
Grigoriou E.
100
200 m

CHANIA UND UMGEBUNG

1 CHANIA SEHENSWERTES

A VENITIANISCHER HAFEN

Von der Festung Firkas zum Leuchtturm, eine Promenade voller Charme zwischen Café- und Restaurantterrassen und bunten Fassaden.
Janitscharen-Moschee: Wahrzeichen der Stadt mit einer Kuppel aus dem Jahr 1645, die von der osmanischen Besatzung zeugt. Heute Ort für Ausstellungen.
Die **venezianischen Arsenale** (Neori) sind immer noch zu sehen, aber für die Öffentlichkeit nicht zugänglich. Am Ende des Kais befinden sich die Docks **Neorio Moro** (Defkalionos 16, Eintritt) mit der Nachbildung eines 18 m langen minoischen Schiffes.

B TOPANAS

Nautisches Museum (in der ehemaligen Festung Firkas, Nov.–April So geschl., Eintritt): die Geschichte der kretischen Seefahrt (u.a. Schiffsmodelle und eine wundervolle Muschelsammlung) sowie ein Raum, der der Schlacht von Kreta gewidmet ist.
Byzantinische Sammlung (Theotokopoulou, Di–So, Eintritt): eine Sammlung byzantinischer Kunstwerke aus dem 4. bis 17. Jh. in der Kirche San Salvatore.

 Die jeweiligen Öffnungszeiten finden Sie im Register ab S. 152.

TOUR 1

CHANIA UND UMGEBUNG

1 CHANIA SEHENSWERTES

C EVRAIKI (EHEM. JÜDISCHES VIERTEL)

Synagoge Etz Hayyim (*Mo–Fr, Spende willkommen*): im 15. Jh. gegründet, einzige Synagoge auf Kreta.
Archäologisches Museum (*Chalidon 30, Di–So, Eintritt*): in der venezianischen Kirche San Francesco. Reiche Sammlung minoischer Artefakte von Ausgrabungen in der Region (Schmuck, Sarkophage), aber auch römische (mehrfarbiges Mosaik). Charmanter Garten mit einem venezianischen Brunnen.

D FOLKLORE MUSEUM

Chalidon 46B | Di–So | Eintritt

Rekonstruktion eines traditionellen kretischen Hauses mit Werkzeugen und Alltagsgegenständen sowie zahlreichen bestickten Stoffen.

E KASTELLI

Sichtbare minoische Überreste entlang der Kanevaro-Straße. Die Ausgrabungen auf dem Kastelli-Hügel haben die Geschichte der antiken minoischen Stadt Kydonia nachvollziehbar gemacht.

F KATHEDRALE

Chalidon

Kirche der Jungfrau Maria, Schutzpatronin der Stadt. Im 19. Jh. erbaut, während der osmanischen Besatzung in eine Seifenfabrik umgewandelt und schließlich wieder der orthodoxen Kirche übergeben.

G SPLANZIA (EHEM. OSMANISCHES VIERTEL)

Platía 1821 (Beginn des Unabhängigkeitskriegs): das Herz des Viertels.
Agios Nikolaos (14. Jh.): katholische Kirche, dann Moschee, heute ist sie orthodox, hat aber ihr Minarett behalten.
Überdachter Markt: 1913 von Venizelos eingeweiht; eine Institution für den Kauf und die Verkostung lokaler Produkte.

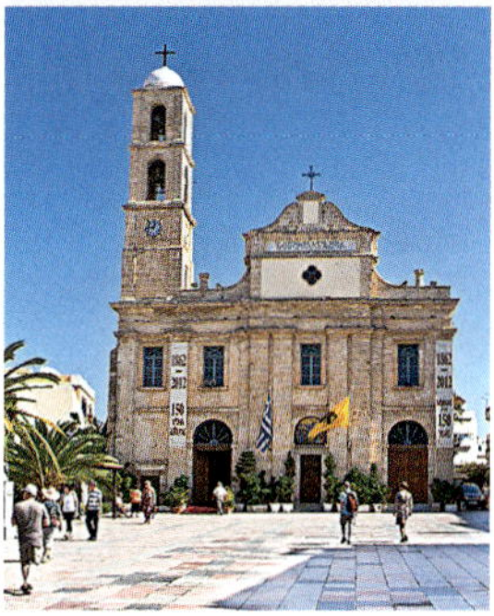

CHANIA UND UMGEBUNG

1 CHANIA RESTAURANTS

1 TAMAM

»Abendessen in einem alten Hamam: Ich liebe die gemütliche Atmosphäre, die manchmal von Livemusik untermalt wird! Köstliche Küche.«

Zambeliou 51 | tgl. 12–24 Uhr

2 SALIS

»Auf den Kais, mein Lieblingsrestaurant, kreativ und raffiniert. Oktopus-Carpaccio, Lamm-Ossobuco, wunderbare Desserts.«

Enosseos 3 | tgl. 12–23 Uhr

3 CHRISOSTOMOS

- Sfakiotische Spezialitäten (u.a. Schnecken) und hausgemachtes Brot vom Holzfeuer.

Ecke Defkalionos und Ikaron | Mi–So 13–23.45 Uhr | Reservierung empfohlen ✆ 2821 05 70 35

4 TO STACHI

- Vegetarisches Restaurant beim Hafen.
- Bioprodukte und hausgemachte Gerichte (Hummus, Blätterteiggebäck mit Spinat, *boureki*).

Deflakiona 5 | Mo–Sa 12.30–20.30

5 PIGADI TOU TOURKOU

- Schönes altes Haus, das sich in die Gassen des osmanischen Viertels schmiegt.
- Köstliche Aromen aus dem Mittelmeerraum und dem Nahen Osten.

Sarpaki 1–3 | tgl. 18–23.30 Uhr

6 TO MARIDAKI

- Fisch und Meeresfrüchte (köstliche gebratene Calamari) zur Auswahl in der Küche.
- Guter Weißwein des Hauses.

Daskalogianni 33 | Mo–Sa 12–24 Uhr

7 KOUZINA E.P.E.

»Meine Wahl für das Mittagessen. Man sucht sein Gericht direkt aus den Töpfen aus. Sehr gut: Moussaka oder das gefüllte Gemüse!«

Daskalogianni 25 | Mo–Sa 12–19.30 Uhr

8 THALASSINO AGERI

- Fabelhafte Lage, direkt am Wasser und gegenüber der Altstadt.
- Frischer Fisch und wunderbare andere Gerichte.

Vivilaki 35 | März–Okt., tgl. 19.30–24 Uhr

TOUR 1

CHANIA UND UMGEBUNG

1 CHANIA CAFÉS UND BARS

9 BOUGATSA IORDANIS

- DER Spezialist für *bougatsa*, das Blätterteiggebäck mit Sahne, das mit Zucker und Zimt bestreut wird.

Apokoronou 24 | tgl. 6–14.30 Uhr

10 KIPOS CAFE

- Das Belle-Époque-Café ist eine kinderfreundliche Adresse in einem Garten.
- Hier kann man in Ruhe Kaffee, Waffeln und Eis genießen.

Tzanakaki, im Stadtpark | tgl. 7–24 Uhr

11 TO ARTOPOLION

- Ideale Bäckerei für das Frühstück.
- Guter Kaffee und süße oder herzhafte Spezialitäten.

Dimitriou 36 | tgl. 4–21 Uhr

12 FAGOTTO JAZZ BAR

- Coole Rock-, Jazz- und Blues-Atmosphäre in einem schönen venezianischen Haus.

Aggelou 16 | tgl. 9–3 Uhr

13 SINAGOGI BAR

- Bar unter freiem Himmel, gute Stimmung, Biere und Cocktails.

Kondilaki | April–Sept. tgl. 12–5 Uhr

14 MONASTIRI TOU KAROLOU

- Ungewöhnlicher Ort: ehemaliges Kloster, das zum Kulturzentrum und zur Bar wurde.
- Gute Musik, große Bierauswahl und originelle Cocktails.

Chatzimichali 22 | 21–6 Uhr

15 KOUKOUVAYIA

- Trendiges Café mit dem schönsten Blick auf die Bucht von Chania.

Alexi Minoti 1 | tgl. 10–1 Uhr

TAGESAUSFLUG VON CHANIA

HALBINSEL AKROTIRI

VON KLOSTER ZU KLOSTER

- **Strecke: ca. 50 km (1.5o Std. reine Fahrzeit) und 1 Std. (hin und zurück) zu Fuß von Gouvernéto nach Katholiko (Wasser und gutes Schuhwerk!)**
- **Busse nach Agia Triada und Stavros**

AGIA TRIADA (ΑΓΙΑ ΤΡΙΑΔΑ)

tgl. | Eintritt

Das Kloster wurde im 17. Jh. von zwei venezianischen Mönchen gegründet und ist noch in Betrieb. Zuberhafter Garten, kleines Museum und Klosterladen mit eigenen Produkten (Wein, Raki, Öl).

GOUVERNÉTO (ΓΟΥΒΕΡΝΕΤΟΥ)

tgl. | Eintritt frei

Dieses noch immer aktive Kloster aus dem 16. Jh. ist dem Heiligen Johannes dem Einsiedler geweiht, der sich der Überlieferung nach in die Höhle von Katholiko zurückgezogen hat, wo er im 11. Jh. starb.

KATHOLIKO (ΚΑΘΟΛΙΚΟ)

Höhle und Kloster

Ein verlassenes Kloster aus dem 6. Jh., das nur zu Fuß von Gouvernéto aus erreichbar ist. Wunderschöner Weg, der an der Bärenhöhle vorbeiführt, in der Johannes der Einsiedler gelebt haben soll.

STAVROS (ΣΤΑΥΡΟΣ)

Schöner Sandstrand, der durch eine Szene aus dem Film *Alexis Sorbas* bekannt wurde, die hier mit Anthony Quinn gedreht wurde.

MITSOS

Kounoupidiana

»Grillfans aufgepasst! Ein unprätentiöser Laden, in dem man Rinder- und Lammkoteletts bekommt. Ein Genuss!«

Ag. Panton | tgl. ab 17.30 Uhr

VENIZELOS-GRAB

Agorastaki 4, Chania

Der 1936 verstorbene Politiker wurde auf dem Gipfel des Hügels des Propheten Elias begraben. Von hier aus bietet sich ein atemberaubender Blick auf Chania und die umliegenden Weißen Berge.

TOUR
1
Stavros
Katholiko
Gouvernéto
KRETISCHES
MEER
Agia Triada
Venizelos-
Grab
hania
Bucht
von Souda
E 75
0
1,5
3 km

CHANIA UND UMGEBUNG

2 DIE NORDWESTSPITZE

Dieser Teil der Insel hat mit dem feinem Sand am langen Strand von Falassarna und der Lagune von Balos mit ihrem unglaublich türkisfarbenen Wasser einen Hauch von Karibik.

- **Von Chania aus fahren Busse nach Kissamos und Falassarna, aber nicht nach Polyrinia (7 km von Kissamos entfernt)**

Um zur Lagune von Balos zu gelangen

- **Mit dem Auto und zu Fuß**: 30 Min. von Kaliviani bis zum Parkplatz. Achtung, steile und holprige Piste, Schlaglöcher und herumstreunende Ziegen; dann 30 Min. Fußweg auf einem Pfad, um den Strand zu erreichen.
- **Mit dem Boot** vom Hafen von Kissamos: Tagesausflug mit Gramvoussa Balos Cruises (Ende April–Ende Okt.), www.cretandailycruises.com/explorecruises/gramvousabalos.de.html) oder Sailing In Crete (www.facebook.com/balosailing). Stopps auf der Gramvoussa (Besuch der Festung) und an der Lagune von Balos.
- **Mit dem Bus**: im Sommer Busse von Chania oder Kissamos, die am Parkplatz halten.

HIGHLIGHTS

- A Kissamos
- B Polyrinia
- C Falassarna
- D Insel Gramvoussa
- E Lagune von Balos

ADRESSEN

1. The Cellar Tavern
2. Maria Beach
3. Akropolis
4. Gramvoussa
5. Captain Nikolas
6. Spilios
7. Anoskeli Winery

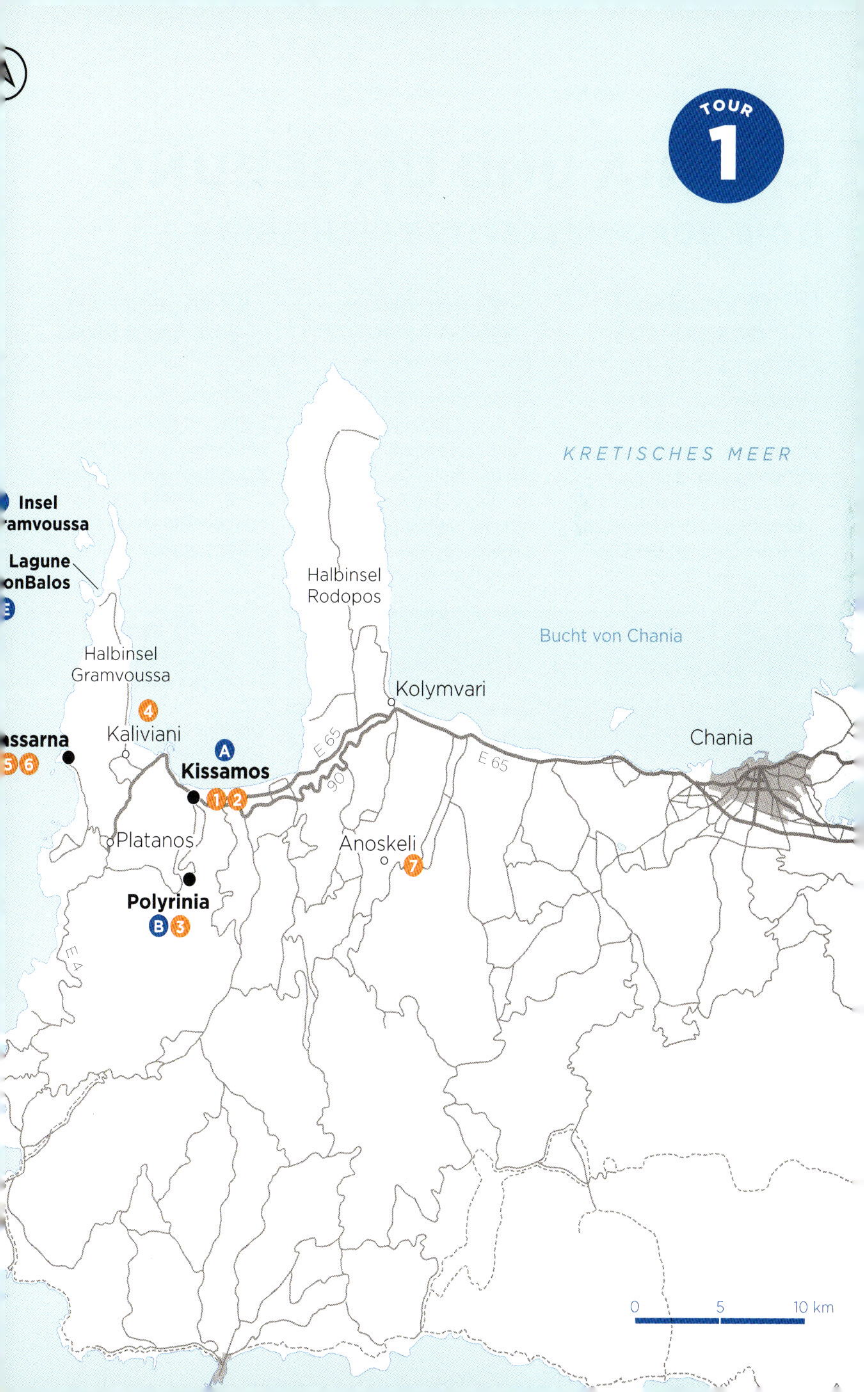
TOUR 1
KRETISCHES MEER
Bucht von Chania
Insel
ramvoussa
Lagune
onBalos
Halbinsel Gramvoussa
Halbinsel Rodopos
Kolymvari
Chania
Kaliviani
Kissamos
ssarna
Platanos
Polyrinia
Anoskeli
E 65
90
E 4
0
5
10 km

CHANIA UND UMGEBUNG

2 DIE NORDWESTSPITZE HIGHLIGHTS

A KISSAMOS (ΚΙΣΣΑΜΟΣ)

Beschauliche Stadt mit einem Fischerhafen, von dem aus die Boote nach Gramvoussa ablegen, und einem interessanten archäologischen Museum (Di–So, Eintritt) mit Funden aus der Region.

B POLYRINIA (ΠΟΛΥΡΡΗΝΙΑ)

Eintritt frei

Antike dorische Stadt (6. Jh. v. Chr.) mit einem wunderschönen Ausblick auf das Meer, das Tal und die Berge. Die Anlage ist sehr weitläufig und beherbergt viele interessante Relikte.

C FALASSARNA (ΦΑΛΑΣΑΡΝΑ)

Ein Strand mit hellem Sand und türkisfarbenem Wasser. In der nahe gelegenen antiken Stätte (Di–Fr, Eintritt frei) kann man die Ruinen des alten Hafens besichtigen.

E LAGUNE VON BALOS (ΜΠΑΛΟΣ)

Zugang siehe S. 70

Wie die Insel Gramvoussa wurde auch die Lagune aufgrund ihrer außergewöhnlichen Flora und Fauna als Natura-2000-Schutzgebiet eingestuft. Das kristallklare Wasser und der feine weiße Sand erinnern an die Karibik. Die Aussicht vom Panoramaweg zur Lagune ist atemberaubend! (Bild)

D INSEL GRAMVOUSSA (ΓΡΑΜΒΟΥΣΑ)

Die Insel Gramvoussa (oder Imeri), die nur mit dem Boot erreichbar ist, nimmt eine strategische Position ein: Ihre Festung, die 1579 von den Venezianern erbaut wurde, dominiert die Bucht und bietet einen außergewöhnlichen Blick auf die Lagune von Balos. Ausflugsboote legen an der Insel an, sodass Sie die Wahl haben, die Festung zu besichtigen (Zugang über einen Pfad in 20–30 Min.) oder zu ihren Füßen zu baden. (Bild)

CHANIA UND UMGEBUNG

2 DIE NORDWESTSPITZE ADRESSEN

1 THE CELLAR TAVERN
Kissamos

• Große Terrasse mit Blick auf das Meer.
• Herzhafte kretische Küche.
Telonio Beach | tgl. 8–23.30 Uhr

2 MARIA BEACH
Kissamos

• Hotelrestaurant direkt am Wasser.
• Reichlich und schmackhaft (u.a. Moussaka und gegrillter Oktopus).
Mavros Molos Beach | tgl. 8–24 Uhr

3 AKROPOLIS
Polyrinia

• Herrliche Aussicht von der schattigen Terrasse.
• Gute kretische Küche mit frischen und saisonalen Produkten.
Am Eingang des Geländes, links vor dem Dorf | tgl. 10–1 Uhr

4 GRAMVOUSSA
Kaliviani

• Köstliche traditionelle kretische Küche, üppige Portionen.
• Bezaubernde Umgebung.
Emmanouil Deiktaki 1

5 CAPTAIN NIKOLAS
Falassarna

• Taverne direkt am Wasser, in der Nähe des Hafens.
• Frischer Fisch und hausgemachte Spezialitäten.
Beim Hafen | tgl. 13–23 Uhr

6 SPILIOS
Falassarna

• Terrasse mit Blick auf die Bucht von Falassarna.
• Traditionelle Küche mit einem guten Preis-Leistungs-Verhältnis.
Loc. Kavousi | Mai–Okt. tgl. 13–24 Uhr

7 ANOSKELI WINERY
Anoskeli

» Schönes Anwesen mit Verkostung renommierter Weine und Olivenöle mit kretischen Snacks.«
März–Okt., 10–18 Uhr | Reservierung empfohlen
✆ 2824 083127, 2824 031700

ELAFONISSI

ROSAFARBENER SANDSTRAND

- **Strecke: 80 km (direkter Weg über Elos, 2 Std.); länger über die Küste (100 km, 2.50 Std.), aber wunderschön**
- **Letzte Tankstellen in Platanos und Elos**
- **Strand mit dem Bus von Chania aus erreichbar**

ELAFONISSI (ΕΛΑΦΟΝΗΣΙ)

Der rosafarbene Sand (aufgrund der Muscheln) und das klare türkisfarbene Wasser machen Elafonissi zu einem der schönsten Strände Kretas. Für mehr Ruhe können Sie die Lagune über die Sandzunge überqueren oder, je nach Wasserstand (der nie sehr tief ist), zu Fuß zu den umliegenden paradiesischen Buchten wandern. Zahlreiche endemische Pflanzenarten (u.a. Wacholder) und ein idealer Ort zum Schnorcheln.

CHRYSOSKALITISSAS (ΧΡΥΣΟΣΚΑΛΙΤΙΣΣΑΣ)

tgl. | Eintritt

Hoch auf einem Felsen über dem Meer bietet das Kloster einen herrlichen Ausblick. Der Legende nach ist eine der 98 Stufen aus Gold, aber nur ein Gläubiger mit reiner Seele kann sie sehen. (Bild oben)

MILIA

Vlatos

»Eine wunderschöne Taverne in einem Bergdörfchen, das fast autark lebt. Eine Rückkehr zu den Wurzeln!«

tgl. 12.30–22 (19 Uhr Winter)

TOUR
1
Bucht von Kissamos
Bucht von Chania
Chania
E 65
90
E 65
Kissamos
Platanos
Vlatos
Élos
Chrysoskalitissas
Elafonissi
0
5
10 km

CHANIA UND UMGEBUNG

3 SAMARIA-SCHLUCHT

Die Samaria-Schlucht, die von den Weißen Bergen (Lefka Ori) und dem Omalos-Plateau dominiert wird, ist eine der längsten und spektakulärsten Schluchten Europas. Eine unvergessliche Wanderung in außergewöhnlich beeindruckender Natur.

PRAKTISCHE INFOS

Auf Griechisch: Το Φαράγγι της Σαμαριάς

- **Öffnungszeiten**: Mai–Okt., bei Regen oder Wind geschl., Infos unter ✆ 28 21 04 55 70 oder www.samaria.gr
Nach 14 Uhr darf man nur noch 2 km weit gehen.
- **Eintritt**, Ticket am Eingang, wird auch am Ausgang kontrolliert.
- **Entfernung**: 16 km von Xyloskalo nach Agia Rouméli (4–6 Std. ohne Pausen).
- **Höhenunterschied**: 1200 m (steiler Abstieg auf den ersten Kilometern).
- **Organisierter Ausflug**: Viele Agenturen organisieren diese Wanderung, manchmal mit einem Führer, erkundigen Sie sich in Ihrem Hotel oder bei der Touristeninformation.

ZUGANG

- **Anfahrt**: Vom Busbahnhof in Chania Bus nach Omalos (fährt manchmal bis Xyloskalo weiter) von 6.15–8.45 Uhr (1 Std. Fahrt), Rückfahrt mit dem Boot um 17.30 Uhr von Agia Rouméli nach Chora Sfakion (1 Std.) oder Sougia (40 Min.), dann weiter mit dem Bus nach Chania (1.30 Std.). Achtung, wechselnde Fahrpläne und Strecken, bitte erkundigen Sie sich.
- Es besteht die Möglichkeit, ab Agia Rouméli (Fähre ab Chora Sfakion oder Sougia) **von unten** in die Schlucht zu **gehen**.
- **Fahrpläne und Infos Bus**: www.e-ktel.com
- **Fahrpläne und Infos Boot**: www.anendyk.gr oder www.nenkritis.gr

TIPPS

Gehen Sie früh los, um Menschenmassen und Hitze zu vermeiden, tragen Sie gute Schuhe sowie einen Pullover (Start in der Höhe) und nehmen Sie etwas zu essen und Badesachen für das Ziel mit. Auf der gesamten Strecke gibt es Toiletten, Rastplätze und Trinkwasserstellen.

OMALOS, CHANIA
E 4
E 4
E 4
TOUR 1
NATIONALPARK SAMARIA
Xyloskalo
Agios Nikolaos
Samaria
Ossia Maria
Agios Georgios
Eiserne Pforte
Agia Rouméli
E 4
0
1
2 km
SOUGIA
LOUTRO, CHORA SFAKION

CHANIA UND UMGEBUNG

3 SAMARIA-SCHLUCHT

DIE WANDERUNG

Start ist in **Xyloskalo** (»Holztreppe«, benannt nach dem ersten Pfad, der aus Baumstämmen gebaut wurde) auf 1230 m Höhe! Die Kapelle **Agios Nikolaos** ist ein schattiger Rastplatz zwischen Pinien und Zypressen. Dann kommt **Samaria**. Das Dorf, das nach 1962 verlassen wurde, erwacht am 1. Mai bei einem großen Fest zu Ehren von Ossia Maria, der heiligen Maria von Ägypten, wieder zum Leben. Die Schlucht verengt sich dann bis zur **Eisernen Pforte** (*sideroportes*), der engsten Stelle der Schlucht (3,50 m) mit beeindruckenden Felswänden. Das Ziel ist **Agia Rouméli**, das nur zu Fuß oder mit dem Boot erreichbar ist und wo man baden kann.

PACHNES BED & BREAKFAST

Agia Rouméli

- Schattige Terrasse am Fuße der Schlucht.
- Raffinierte Gerichte zu günstigen Preisen.

FAUNA UND FLORA

Der Nationalpark Samaria verfügt über ein außergewöhnliches Ökosystem mit über 450 Pflanzen- und Tierarten, von denen viele endemisch sind, wie die berühmte **Kri-kri** (oder Agrimi genannt), eine Wildziege (Capra aegagrus creticus) mit kastanienbraunem Fell und einem großen schwarzen Streifen auf dem Rücken, die unter Naturschutz steht. Man kann auch die Kretische **Diktame** finden, eine der vielen Heil- und Gewürzpflanzen, die hier wächst. Die Schlucht bietet einer Vielzahl von Vögeln (Bartgeier, Habichts- oder Steinadler, Geier) und Pflanzen (Pinien, Eichen, Platanen, Oleander, Zypressen) ein Zuhause.

 Die jeweiligen Öffnungszeiten finden Sie im Register ab S. 152.

TOUR
1

VON CHANIA NACH CHORA SFAKION

- **Strecke: 70 km (1.30 Std. reine Fahrzeit)**
- **Bus (einmal am Tag): 1.40 Std.**
- **Mit dem Auto ist die Panoramastraße in Serpentinen über der Schlucht spektakulär**

IMBROS-SCHLUCHT (ΦΑΡΑΓΓΙ ΙΜΠΡΟΥ)

Vor dem Bau der Straße der einzige Weg nach Chora Sfakion. Nach der Niederlage in der Schlacht um Kreta im Jahr 1941 wurden die Soldaten durch diese Schlucht evakuiert. Umgeben von beeindruckenden Steilwänden, die manchmal sehr eng stehen (1,60 m), ist die Schlucht oft schattig und reich bewachsen, vor allem im Frühling. Eine sehr schöne Wanderung, weniger schwierig und überlaufen als in der Samaria-Schlucht.

WANDERUNG DURCH DIE SCHLUCHT für diejenigen, die sich die Beine vertreten möchten

Distanz: 8 km (2–3 Std.) von Imbros nach Komitades.
Höhenunterschied: 650 m.
Öffnungszeiten: Das ganze Jahr über, außer bei einem Unwetter.
Start: Imbros (Abstieg) oder Komitades (Aufstiegs). Parken Sie in einem der Dörfer und kehren Sie mit dem Taxi (viele in der Saison) oder zu Fuß zum Ausgangspunkt zurück.

POROFARANGO

Imbros

- Taverne mit Blick auf die Schlucht.
- Gute kretische Klassiker, die Sie vor oder nach der Wanderung genießen können.

Am Dorfausgang | tgl. 10–23 Uhr

TOUR 1
Halbinsel Akrotiri
KRETISCHES MEER
Chania
E 75
Aptéra
90
90
Kournas-See
E 4
E 4
Imbros
Imbros-Schlucht
Komitades
Anopoli
Aradéna
Loutro
E 4
2,5
5 km
Chora Sfakion
Frangokastello

ETAPPE 3 CHORA SFAKION UND DIE SFAKIA

Die Region bietet schwindelerregende Schluchten, Panoramastraßen und zauberhafte Häfen. Eine ruhige Etappe zwischen dem Meer und den Weißen Bergen.

- **Chora Sfakion auf Griechisch: Χώρα Σφακίων**
- **Chora Sfakion ist ein angenehmes Dorf, das hauptsächlich vom Tourismus lebt. Tor für Wanderungen, Fähren an die gesamte Südküste.**
- **Parkplätze am Dorfeingang**
- **Anopoli und Aradena sind mit dem Bus schwer zu erreichen**
- **Fähre nach Loutro: Fahrkartenschalter am Pier**
- **Fahrpläne und Infos: www.anendyk.gr oder www.nenkritis.gr**
- **Die *sfakiani pita* ist eine Spezialität der Region und eine Art Fladenbrot mit Schafskäse (*myzithra*) belegt.**

TOUR 1

HIGHLIGHTS	ADRESSEN
A Anopoli	1 Platanos Tavern & Rooms
B Aradena	2 Cretan Divine Family Bakery
C Loutro	3 Taverne Livikon
D Wanderung durch die Aradena-Schlucht	4 Three Brothers
E Tauchen	5 Taverna Nikos
	6 Delfini
	7 Notos
	8 Ilios
	9 Pavlos

CHORA SFAKION UND DIE SFAKIA HIGHLIGHTS

A ANOPOLI (ΑΝΩΠΟΛΗ)

Das Dorf liegt am Ende einer spektakulären, 12 km langen, sehr steilen Serpentinenstraße von Chora Sfakion aus. Von der Kirche am Rande des Dorfes hat man einen atemberaubenden Ausblick!

B ARADENA (ΑΡΑΔΑΙΝΑ)

Das Dorf Aradena ist verfallen. Es wurde in den 1950er-Jahren verlassen und lange davor von den Osmanen während des Aufstands von 1770 zerstört. Eine kleine byzantinische Kirche wacht am Rande der Leere. Außergewöhnliches Panorama von der 138 m hohen Brücke, die die Schlucht überspannt. Jedes Wochenende im Juli und August besteht die Möglichkeit zum Bungee-Jumping: www.bungy.gr

C LOUTRO (ΛΟΥΤΡΟ)

Bezauberndes Fischerdorf in einer paradiesischen Bucht, das nur zu Fuß (2 Std. von Chora Sfakion, 1.20 Std. von Anopoli) oder mit dem Boot (20 Min. von Chora Sfakion) erreichbar ist.

 Die jeweiligen Öffnungszeiten finden Sie im Register ab S. 152.

CHORA SFAKION UND DIE SFAKIA HIGHLIGHTS

D WANDERUNG DURCH DIE ARADENA-SCHLUCHT (ΤΑ ΓΟΡΓΕΣ ΤΗΣ ΑΡΑΔΕΝΑΣ)

Öffnungszeiten: Die Schlucht ist das ganze Jahr über zugänglich, aber bei Regen sollten Sie nicht gehen.
Distanz: 7,5 km von Aradena nach Marmara (2–3 Std. ohne Pausen).
Start: Dorf Aradena. Von Chora Sfakion aus nehmen Sie einen Bus (nur im Sommer, Fahrplan prüfen) oder ein Taxi.
Rückweg: Vom Marmara-Strand aus zu Fuß nach Loutro (1 Std., nicht schwierig, aber ausgesetzte Passagen an der Klippe), dann mit der Fähre nach Chora Sfakion. Ansonsten Boot (einmal tgl. in der Saison) oder Taxiboot (in Chora Sfakion reservieren). Für den Rückweg zu Fuß durch die Schlucht müssen Sie mit 2–3 Std. rechnen.
Höhenunterschied: 600 m.
Schwierigkeitsgrad: für erfahrene Wanderer. Steiler, manchmal rutschiger Abstieg mit technischen Passagen (Metallleitern, Geröll), die man umgehen kann, indem man den eigens angelegten Weg nimmt. Vorsicht vor Steinschlag! Unbedingt Wasser und gute Schuhe mitbringen. Denken Sie an Badesachen für die Ankunft am Strand!

Diese Schlucht ist nicht so überlaufen wie die Samaria-Schlucht, dafür aber umso sportlicher. Der Abstieg beginnt mit einem bemerkenswerten Maultierpfad, der früher Aradena mit Anopoli verband. 100 m weiter unten befindet sich eine breite und tiefe Schlucht, in der im Frühling der Oleander blüht und wo die Ziegen wohnen. Kiosk in Aradena und Taverne am **Marmara-Strand**.

E TAUCHEN

Das kristallklare Wasser des Libyschen Meeres eignet sich hervorragend für die Erkundung der Unterwasserwelt. Notos Mare Diving Center bietet begleitetes Tauchen und Schnorcheln an. Es gibt auch Wassertaxis und Bootsverleih sowie organisiere Bootsausflüge.
www.notosmare.com

CHORA SFAKION UND DIE SFAKIA ADRESSEN

1 PLATANOS TAVERN & ROOMS
Anopoli

• Schattige Terrasse.
• Herzhafte kretische Küche (u.a. Lammbraten).
Auf dem Dorfplatz | tgl. 8–1 Uhr

2 CRETAN DIVINE FAMILY BAKERY
Anopoli

• Bäckerei, die kretische Spezialitäten wie *kalitsounia* (Käsestangen) anbietet.
tgl. 8–20 Uhr

3 TAVERNE LIVIKON
Chora Sfakion

• Terrasse mit Blick auf den Strand.
• Sehr gute Speisekarte: z.B. geschmortes Lamm, gefüllte Weinblätter.
• Guter Service.
Restaurant des Hotels Livikon | tgl. 9–24 Uhr

4 THREE BROTHERS
Chora Sfakion

• Etwas abseits gelegene Terrasse mit Blick auf das Wasser, ideal bei Sonnenuntergang.
April–Okt., tgl. 7–24 Uhr

5 TAVERNA NIKOS
Chora Sfakion

• Frische und herzhafte Speisen.
• Spezialitäten der Region (u.a. *sfakiani pita* und *kalitsounia*).
tgl. 8.30–24 Uhr

6 DELFINI
Chora Sfakion

• Nicht sehr günstig für ein Abendessen, aber ideal für ein Getränk auf der Terrasse mit Meerblick.
Keine Kartenzahlung | tgl. 8–23.30 Uhr

7 NOTOS
Loutro

• Etwas zurückversetzte Terrasse, auf der Sie ausgezeichnete Vorspeisen genießen können.
tgl. 8–21 Uhr

8 ILIOS
Loutro

• Schöne Terrasse am Wasser.
• Fisch, Meeresfrüchte und gegrilltes Fleisch.
Vom Frühstück bis zum Abendessen

9 PAVLOS
Loutro

• Traditionelle Gerichte (gute Salate, *tsatsiki*, frittierte Zucchini, *souvlaki* mit Fleisch oder Fisch).
Am Hafen | 11–24 Uhr

TOUR
1

VON CHORA SFAKION NACH RETHIMNO

- **Strecke: 70 km (1.5 Std. reine Fahrzeit)**
- **Bus: 3.30 Std. (fährt wieder über Chania, umsteigen)**
- **Der Strand von Préveli ist nur zu Fuß erreichbar (anstrengende Piste mit dem Auto)**

FRANGOKASTELLO (ΦΡΑΓΚΟΚΑΣΤΕΛΛΟ)

Von Chora Sfakion aus führt eine schöne Straße an den Bergen entlang. Langer Sandstrand, ideal für Kinder, am Fuße der venezianischen Festung (14. Jh., Besichtigung gegen Eintritt).

KALI KARDIA

Frangokastello

»Eine kleine, typische familiäre Taverne, in der es leckere Pizza gibt. War Kreta nicht lange Zeit venezianisch?«

tgl. in der Saison

PRÉVÉLI (ΠΡΕΒΕΛΗ) : KLÖSTER UND STRAND (PALM BEACH)

Einen atemberaubenden Ausblick auf das Libysche Meer bietet **Piso Préveli** (tgl., Eintritt), ein noch in Betrieb befindliches Kloster. Nur die Kirche und das Museum können besichtigt werden. **Kato Préveli** (das untere Kloster) ist verlassen. Vom Parkplatz in Piso Préveli führt ein steiler Pfad in 30 Min. zum Strand (»**Palm Beach**«) am Ausgang der Schlucht von Kourtaliotiko, wo der Fluss einen Palmenhain versorgt.

NEKROPOLE VON ARMÉNI (ΑΡΜΕΝΟΙ)

Di–So | Eintritt

Die 1969 entdeckte Nekropole ist eine der größten auf Kreta (über 220 Gräber) und stammt aus dem 13. bis 12. Jh. v. Chr. Die Stadt, zu der sie gehörte, ist jedoch noch nicht identifiziert worden.

TOUR 1
Halbinsel Akrotiri
hania
KRETISCHES MEER
Rethimno
Kournas-See
Nekropole von Arméni
Samaria-Schlucht
Loutro
Chora Sfakion
Frangokastello
Klöster von Prévéli
Strand von Prévéli
LIBYSCHES MEER
0
5
10 km

ETAPPE 4 RETHIMNO

Die nach Iraklio und Chania drittgrößte Stadt Kretas. Die Altstadt von Rethimno mit ihren venezianischen und osmanischen Einflüssen besitzt einen unglaublichen Charme.

- **Rethimno auf Griechisch: Ρεθυμνο**
- **Das Stadtzentrum ist autofrei, parken Sie auf dem Parkplatz und gehen Sie zu Fuß**
- **Markt am Donnerstagmorgen**

HIGHLIGHTS

- A Fortezza
- B Rimondi-Brunnen
- C Venezianische Loggia
- D Moschee Nerantzès
- E Archäologisches Museum
- F Folklore-Museum
- G Venezianischer Hafen
- H Museum of Contemporary Art
- I Strand

FESTE

- **Karneval (Feb.): einer der größten des Landes.**
- **Festival für die Kretische Diät (Anfang Juli): Verkostungen, traditionelle Musik und Tänze.**
- **Renaissance-Festival (Anfang Juli–Ende Aug.): Theater, Tanz und Konzerte im Erofili-Theater.**

RESTAURANTS

1. Vassilis
2. Avli
3. Raki Ba Raki
4. Lemonokipos
5. Nikos
6. Knossos
7. Mojo Burgers
8. Prima Plora

PAUSEN UND BARS

9. Kimolia
10. Yiorgos Hatziparaskos
11. Livingroom Lounge Cafe
12. Ali Vafi's Garden

0
100
200 m
TOUR
1
Fortezza
A
Eingang
Périfériakos
Makédonias
Chimaras
PLATIA PLASTIRA
H
Museum of Contemporary Art
I. Damvergi
Arkadiou
G
Venizianischer Hafen
Katechaki
Salaminos
Xanthoudidou
Messologiou
B
Rimondi-brunnen
Leuchtturm
Mélissinou
Arabatzoglou
K. Paléologou
I. Petichaki
C
Venezianische Loggia
PLATIA IROON POLITECHNIOU
Smirnis
A. Korai
M. Metaxaki
M. Renieri
Nikiforou
Trikoupi
Mavrokordatou
Souliou
E. Vernardou
Folklore Museum
F
D
Moschee Nerantzès
Panou
Koronéou
Agios Fragiskos
E
Tsoudéron
Arkadiou
I
Strand
P. Prévélaki
Riga Fereou
Part. Grigoriou
L. Mavili
N. Patelarou
Foka
Psilaki
Filikon
Archäologisches Museum
I. Govatzidaki
Agias Varvaras
Manioudaki
Manoussaki Moussourou
E. Vénizélou
Periferiakos
P. Grigoriou
I. Dimakopoulou
M. Tz. Bouniali
Ethn. Antistasséos
Tombazi
Arkadiou
S. Vlastou
Porta Guora
PLATIA 4 MARTIRON
Kara-Moussa-Pacha-Moschee
V. Ougo
PLATIA IROON
Igouménou Gavril
Iliakaki
Gérakari
Gavril
Igouménou
Stadtpark
S. Dimitraki
Ch. Daskalaki
G. Chatzidaki
M. Prevelaki
P. Koundourioti
Dimokratias
E. Makariou
T. Vassou
Kriari
Koumoundourou
Moatsou
E. Marouli

RETHIMNO

HIGHLIGHTS

A FORTEZZA

tgl. | Eintritt

Im 16. Jh. von den Venezianern auf der alten Akropolis errichtet. Es gibt noch einige interessante Gebäude, wie die Moschee, aber das Beste ist der Panoramablick auf das Meer und die Berge.

B RIMONDI-BRUNNEN

Mavrokordatou

Im 17. Jh. unter den Venezianern erbaut und einst mit einer Kuppel bedeckt. Heute sind nur noch die vier korinthischen Säulen und die drei Löwenköpfe erhalten.

C VENEZIANISCHE LOGGIA

Ecke Arkadiou und Palaiologou

Ein perfektes Beispiel für die venezianische Architektur der Renaissance. Einst ein Ort wirtschaftlicher und politischer Macht des Adels, wurde sie unter der türkischen Besatzung in eine Moschee umgewandelt.

D MOSCHEE NERANTZÈS

E. Vernardou

Die Kirche der hl. Maria wurde im 17. Jh. von den Venezianern erbaut und während der osmanischen Besatzung in eine Moschee umgewandelt. Heute beherbergt sie das Musikkonservatorium.

E ARCHÄOLOG. MUSEUM

Agiou Fragiskou 4 | Di–So | Eintritt

In der Kirche Agios Fragiskos befinden sich eine interessante Sammlung von minoischen Schmuckstücken und Keramiken sowie römische und byzantinische Relikte (Sarkophage).

 Die jeweiligen Öffnungszeiten finden Sie im Register ab S. 152.

TOUR 1

RETHIMNO

HIGHLIGHTS

F FOLKLORE-MUSEUM

Vernardou 28–30 | Mo–Sa

In einem alten venezianischen Haus kann man traditionelle kretische Objekte aus dem landwirtschaftlichen und häuslichen Leben sowie rekonstruierte Innenräume sehen.

G VENEZIANISCHER HAFEN

Von bunten Fassaden gesäumter Kai, an dem sich viele Tavernen und Cafés verteilen. An seinem Ende thront tapfer der türkische Leuchtturm aus dem 17. Jh.

H MUSEUM OF CONTEM. ART

Mesologhiou 32 | Di–So | Eintritt

Sammlung des kretischen Künstlers Kanakakis und 500 griechischer Künstler von den 1950er-Jahren bis heute. Besichtigungen und Workshops für Kinder. Moderne und großzügige Räumlichkeiten.

I STRAND

Neben dem Hafen gibt es einen schönen Sandstrand, der 12 km lang ist. Vorsicht ist geboten, da die Strömungen gefährlich sind.

RETHIMNO

RESTAURANTS

1 VASSILIS

- Neben der Festung, abseits des Touristenstroms.
- Üppige Portionen und köstliche traditionelle Gerichte.

Chimaras 27 | Mo–Sa 12–24, So 18–24 Uhr

2 AVLI

- Gourmetküche in einer alten venezianischen Villa.
- Einfallsreiche und raffinierte Gerichte, gute Weine: das beste Restaurant der Stadt.

Xanthoudidou 22

3 RAKI BA RAKI

»Die moderne Version der kretischen Tapas-Bar (*rakadiko*). Tausend kleine Gerichte, die bei einem Drink serviert werden: Ich liebe es!«

Arambatzoglou 17 | tgl. 10–2 Uhr

4 LEMONOKIPOS

- Angenehmer Garten, in dem man schön unter den Zitronenbäumen sitzt.
- Hochwertige kretische Spezialitäten, tadelloser Service.

Antistaseos 100 | tgl. 11–1 Uhr

5 NIKOS

- Die besten *gyros pita* und *souvlaki* (Schweinefleischspieße) in der Stadt!

Arkadiou 70 | Mo–Sa 11.30–23 Uhr

6 KNOSSOS

- Familien-Taverne seit einem halben Jahrhundert.
- Unkonventioneller Empfang, einfache und effiziente Küche.

Am Hafen

7 MOJO BURGERS

- Zur Abwechslung gibt es gute hausgemachte Hamburger.

Damvergi 38 | tgl. 12–24 Uhr

8 PRIMA PLORA

- Romantisches Abendessen mit unglaublicher Aussicht.
- Bioprodukte, raffinierte Küche (Fisch, *kritharoto* mit Garnelen), gute Weine.

Akrotiriou 8 (abseits, westl. des Zentrums)

RETHIMNO

TOUR 1

PAUSEN UND BARS

9 KIMOLIA

- Charmantes Teehaus in ruhiger Lage für eine Gourmetpause.
- Sehr gute Desserts.

Makri 11 | Mo–Sa 10–23

10 YORGOS HATZIPARASKOS

- Letzter handgemachter »Filo«-Teig (sehr dünner Blätterteig).
- Baklava und Engelshaar (*kadaïfi*) zum Niederknien.

Vernardou 30

11 LIVINGROOM LOUNGE CAFE

- Modern und elegant eingerichtete Bar direkt am Meer.
- Gute Weine und Cocktails, auch Burger, Vorspeisen.
- Livemusik und entspannte Atmosphäre.

Venizelou 5 | 9–3 Uhr

12 ALI VAFI'S GARDEN

- Café, Bar, Restaurant und Galerie!
- Viel Charme und ausgezeichnete Cocktails.

Tzani Bouniali 65 | 10–2 Uhr

VON RETHIMNO NACH IRAKLIO

- **Strecke: 115 km (2.30 Std. reine Fahrzeit)**
- **Bus: 1.30 Std. (Haltestellen: Panormos, Skapasti, Bali, Sises, Fodele)**
- **Kapsaliana Village erreicht man von Rethimno aus nicht mit dem Bus**

KAPSALIANA VILLAGE

Kapsaliana

»Ein Halt, den ich auf dem Weg zum Kloster Arkadi liebe: ein Hotel-Restaurant-Museum mit einer alten Ölpresse und regionaler Küche.«

tgl. (März–Nov.)

KLOSTER ARKADI (ΜΟΝΗ ΑΡΚΑΔΙ)

tgl. | Eintritt

Auf den Ausläufern des Berges Psiloritis. In dem blumengeschmückten Hof befindet sich eine schöne Renaissancekirche. Interessantes Museum und ein Symbol des Widerstands. (Bild rechts)

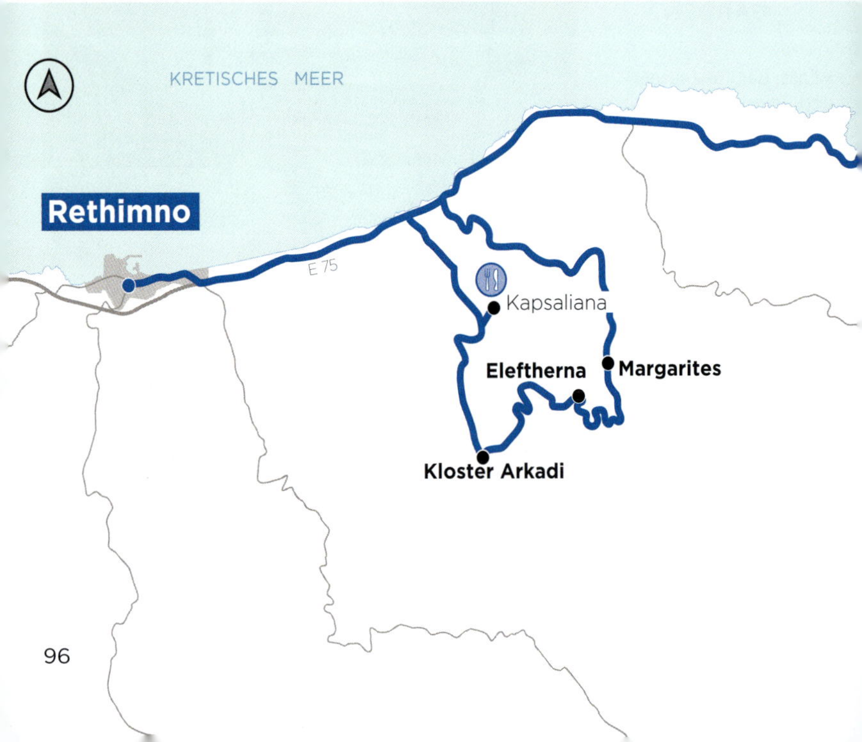

TOUR 1

ELEFTHERNA (ΕΛΕΥΘΕΡΝΑ)

Di–So | Eintritt

Das neue, moderne und interaktive Museum erlaubt einen Blick in die Vergangenheit des antiken Eleftherna: von den Minoern bis heute. Auf dem neuesten Stand der Forschung. Spannend!

MARGARITES (ΜΑΡΓΑΡΙΤΕΣ)

Ein malerisches, traditionelles Töpferdorf, in dem man die handwerklichen Fähigkeiten beobachten kann, die von Generation zu Generation in den Ateliers und Geschäften weitergeführt werden.

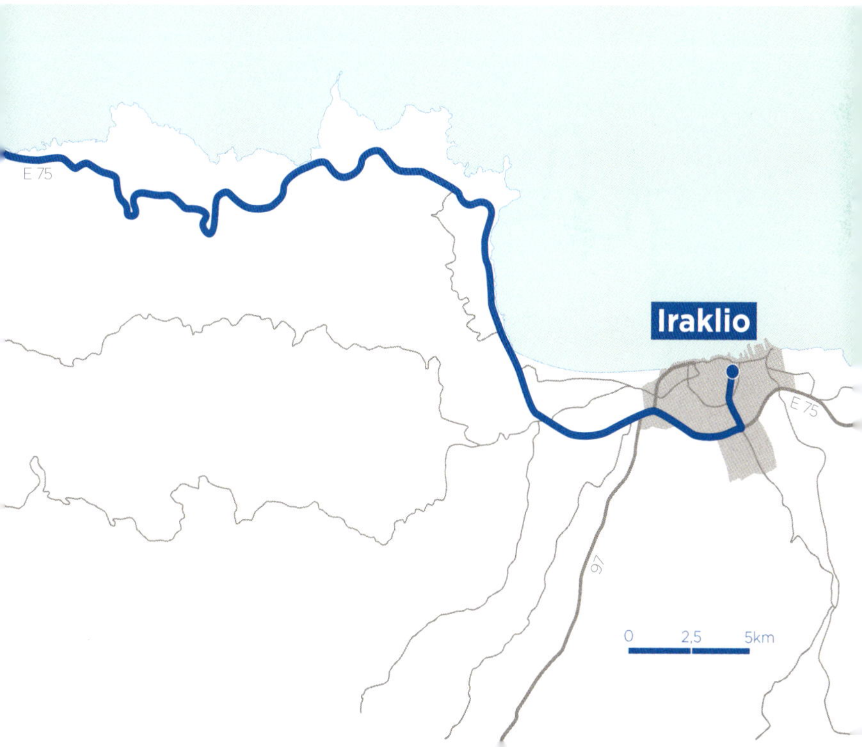

IRAKLIO – AGIOS NIKOLAOS – SITIA – IERAPETRA – MATALA – IRAKLIO

DER OSTEN KRETAS

1 Iraklio und Knossos

Unverzichtbar, lebhaft und festlich
1–2 Tage

2 Agios Nikolaos

Die kretische Riviera
2–3 Tage

3 Sitia und die Ostspitze

Dolce Vita am Ende der Welt
1–2 Tage

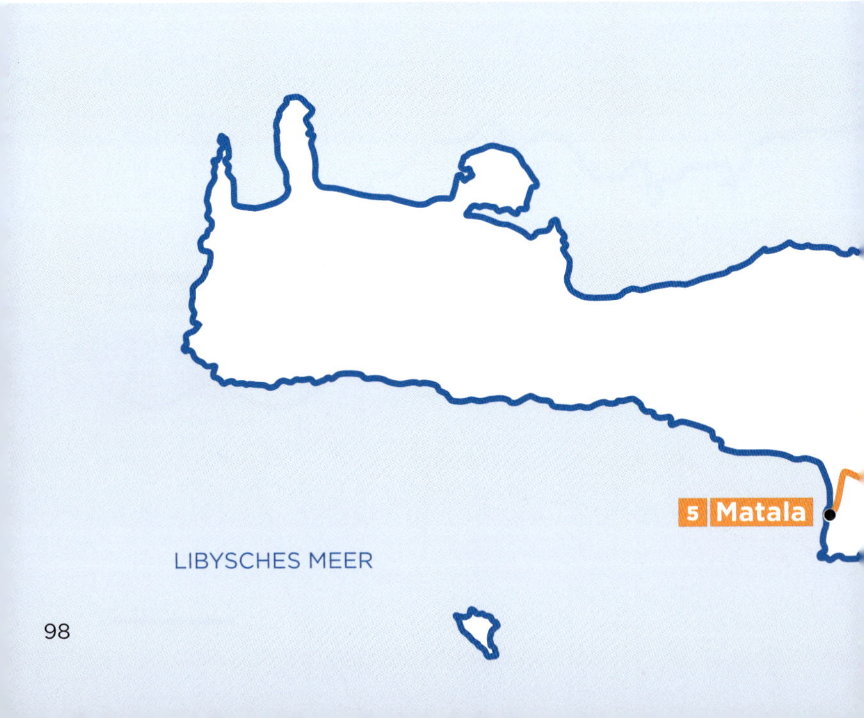

Das Beste des antiken Kreta zwischen Meer und Bergen in fünf Etappen.

TOUR 2

4 Ierapetra

Tief im Süden
1–2 Tage

5 Matala

Flower Power
1 Tag

zwei Tagesausflüge

- **Von Sitia**: Wanderung nach Kato Zakros. Das Tal der Toten
- **Von Ierapetra**: Chryssi

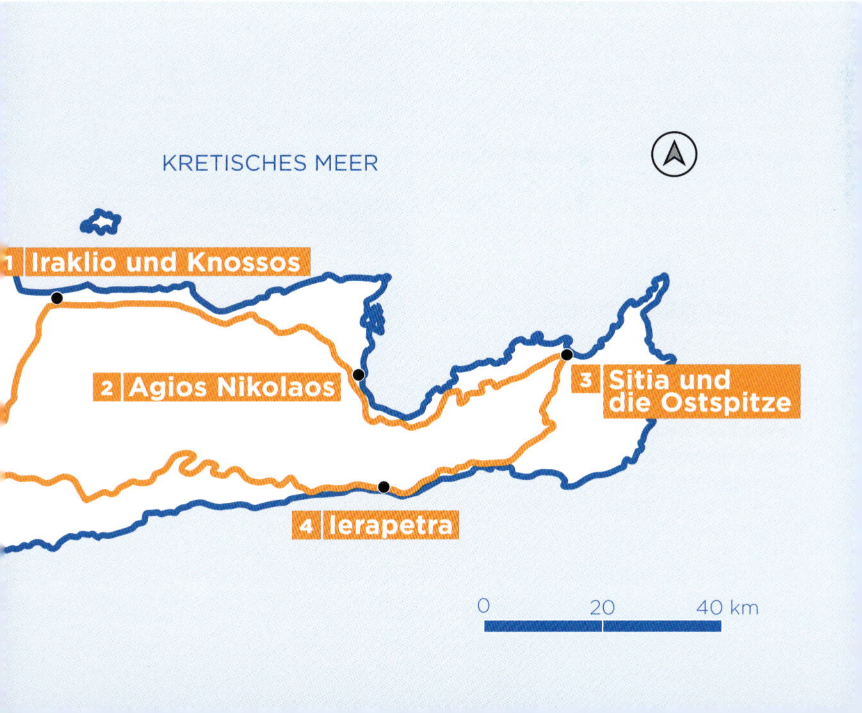

ETAPPE 1 IRAKLIO UND KNOSSOS

- **Iraklio ist ein unverzichtbarer Ausgangspunkt für jede Reise nach Kreta**
- **Sehenswertes und Adressen finden Sie bei Tour 1 ab Seite 46**

VOM FLUGHAFEN NACH IRAKLIO

Bus: Alle Busse fahren ins Stadtzentrum (6–23 Uhr), 10–15 Min. Fahrzeit.
Taxi: ca. 10 Min.

VON IRAKLIO NACH KNOSSOS

Bus: blauer Bus 2 vom Busbahnhof A. Fahrkarte am Busbahnhof, in Kiosken oder an Automaten (im Bus teurer), 20–30 Min. Fahrzeit.
Auto/Taxi: 20 Min. vom Stadtzentrum oder 15 Min. vom Flughafen.

INFOS & ADRESSEN

Autovermietungen: am Flughafen (im Sommer bis spät in die Nacht geöffnet).
Gepäckaufbewahrung: am Flughafen und am Busbahnhof A.
Touristeninfo: Pl. Nikiforou-Foka. Mo–Fr 8–15 Uhr. Broschüren, Stadtpläne, Busfahrpläne.

SEHENSWERTES

- Sie erhalten in einem Tag einen guten Überblick über die Stadt und die wichtigsten Sehenswürdigkeiten.
- Verpassen Sie auf keinen Fall das Archäologische Museum.
- Für Knossos sollten Sie rund 2 Std. einplanen.

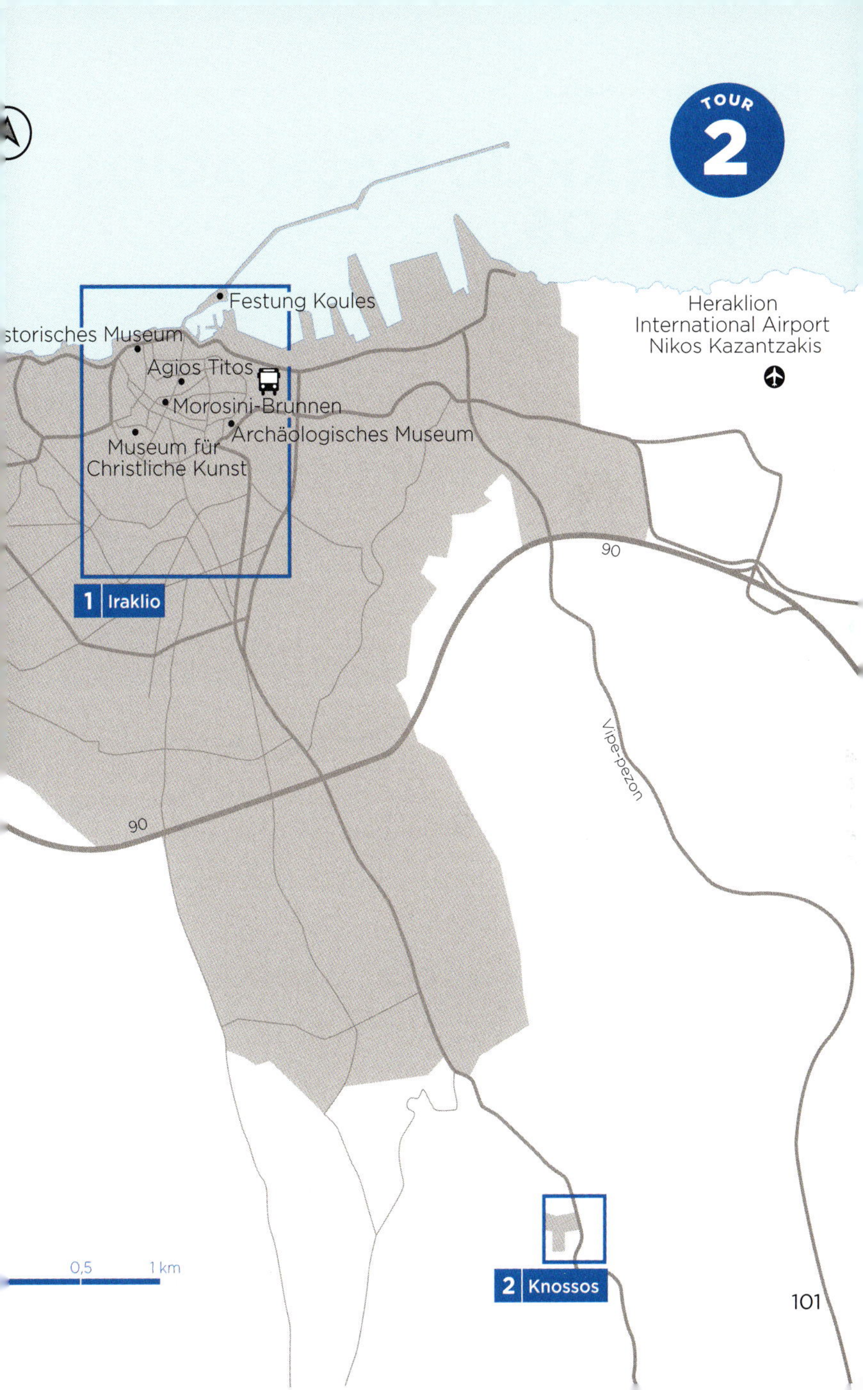
TOUR 2
Festung Koules
storisches Museum
Agios Titos
Morosini-Brunnen
Archäologisches Museum
Museum für Christliche Kunst
1 Iraklio
Heraklion International Airport Nikos Kazantzakis
90
90
Vipe-pezon
2 Knossos
0,5
1 km

VON IRAKLIO NACH AGIOS NIKOLAOS

- **Strecke: 125 km (3 Std. reine Fahrzeit)**
- **Malia ist mit dem Bus erreichbar, die Höhle von Psychro jedoch nicht**
- **Weg zur Höhle: auf dem Rücken eines Esels oder zu Fuß (20 Min.) vom Parkplatz in Psychro**

MINOISCHER PALAST VON MALIA (ΜΑΛΙΑ)

Di–So | Eintritt

Minoischer Palast, zwischen Meer und Bergen. Magazine, *kouloures* und *pithoi*. Der Anhänger »Die Bienen von Malia« ist im Archäologischen Museum von Iraklio ausgestellt. Es gibt ein kleines Museum.

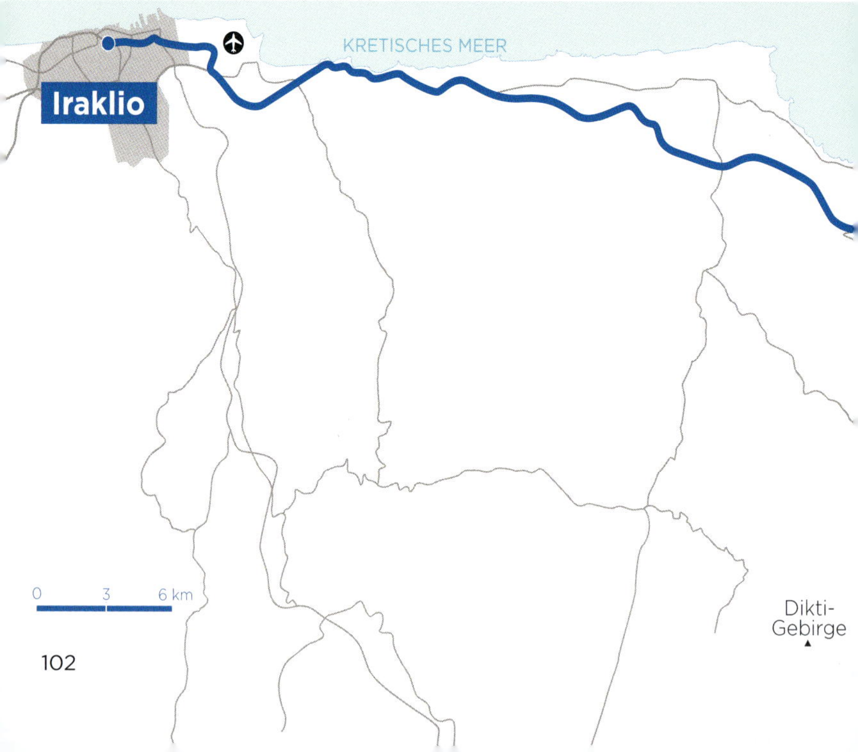

TOUR 2

KARES

Krasi

»Eine Oase der Ruhe in einem beschaulichen Dorf. Authentische Küche wie Zucchiniblüten oder Schnecken mit Rosmarin.«

April–Okt., tgl. 11–22 Uhr

LASITHI-HOCHEBENE (ΟΡΟΠΕΔΙΟ ΛΑΣΙΘΙΟΥ)

Das von Hügeln umgebene »Land der 10 000 Mühlen«, das früher mit Windrädern bedeckt war, wird noch immer kultiviert und ist mit kleinen Bauerndörfern übersät.

HÖHLE V. PSYCHRO (ΔΙΚΤΑΙΟΝ ΑΝΤΡΟΝ)

Dikti-Gebirge | tgl. | Eintritt

Hier soll sich Zeus vor seinem Vater versteckt haben. Beeindruckende Konkretionen und eine herrliche Aussicht auf die Lassithi-Hochebene von 1000 m Höhe.

ETAPPE 2 AGIOS NIKOLAOS UND UMGEBUNG

Agios Nikolaos ist der ideale Ausgangspunkt, um das Hinterland mit seinen typischen Dörfern zu entdecken, die antiken Stätten sowie die Wunder der Bucht von Elounda, darunter die faszinierende »Insel der Leprakranken«, Spinalonga.

- **Besichtigungen: Rechnen Sie mit einem halben Tag, um Agios Nikolaos zu erkunden, und ebenfalls mit einem halben Tag für Kritsa und Umgebung (oder einem Tag mit der Wanderung)**
- **Die Bucht von Elounda ist einen Tag wert, um all ihre Facetten zu genießen**

SEHENSWERTES

1. Agios Nikolaos
2. Rund um Kritsa
3. Bucht von Elounda

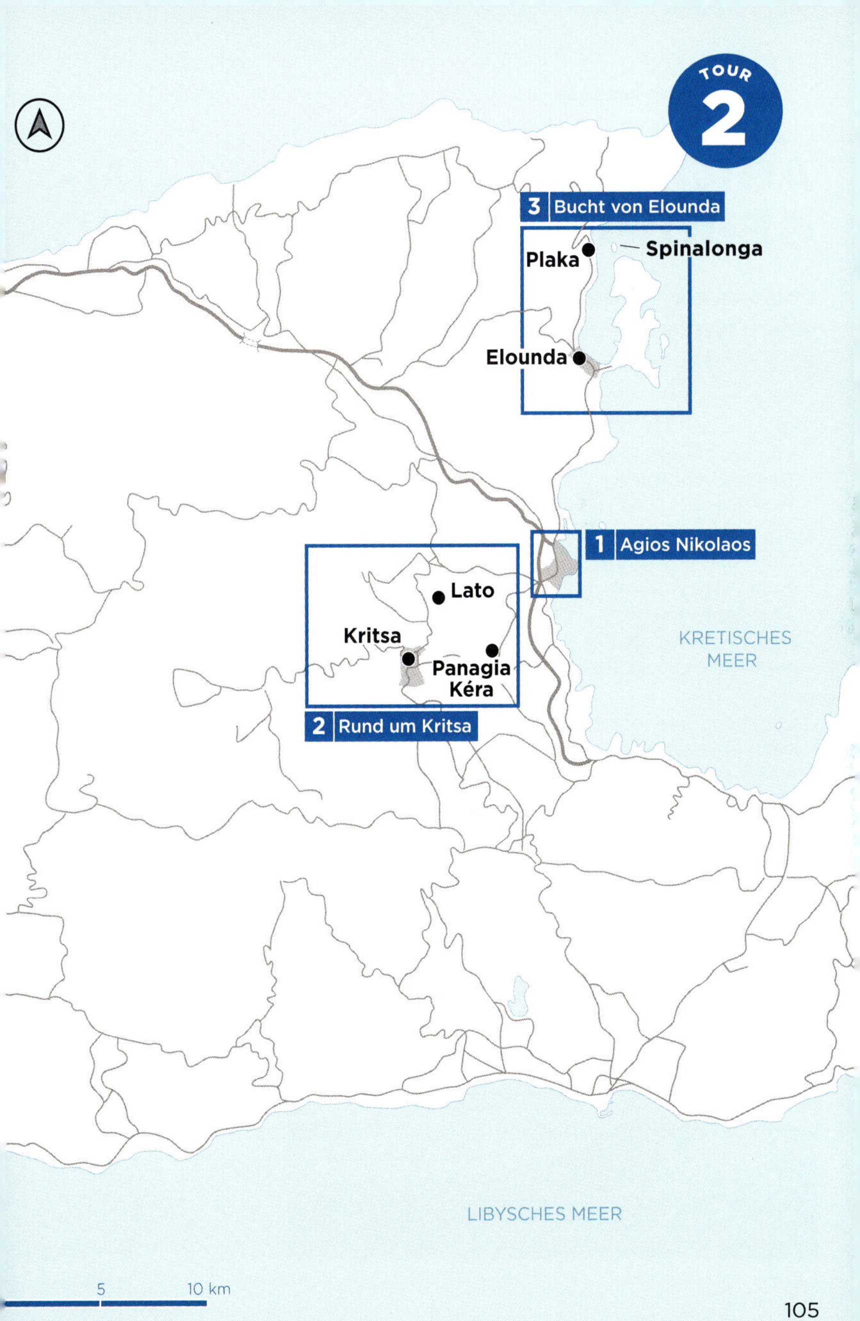
TOUR 2
3 Bucht von Elounda
Plaka
Spinalonga
Elounda
1 Agios Nikolaos
Lato
Kritsa
Panagia Kéra
2 Rund um Kritsa
KRETISCHES MEER
LIBYSCHES MEER
5
10 km

AGIOS NIKOLAOS UND UMGEBUNG 1 AGIOS NIKOLAOS

Charmanter Yachthafen in außergewöhnlicher Lage zwischen einem tiefen See und der Bucht von Mirabello. Agios Nikolaos ist eine moderne, bunte und lebhafte Stadt.

- **Agios Nikolaos auf Griechisch: Άγιος Νικόλαος**
- **Erreichbar mit dem Bus (ca. 2 Std. Fahrt von Iraklio)**
- **Auf dem Parkplatz parken und das Zentrum zu Fuß besuchen**
- **Im Sommer muss man eine Unterkunft reservieren**

HIGHLIGHTS

- A Archäologisches Museum
- B Volkskunstmuseum
- C Voulismeni-See
- D Cretan Olive Oil Farm
- E Tauchbasis

RESTAURANTS

- 1 Chrisofyllis
- 2 Maistrali
- 3 Oufo to Lo
- 4 Karnagio
- 5 Avli Taverna
- 6 Pelagos
- 7 Creta Embassy

CAFÉS UND BARS

- 8 Polyxoros Peripou
- 9 Café Du Lac
- 10 Migomis
- 11 Alexandros

TOUR 2
Cretan Olive Oil Farm
Tauchbasis
Archäologisches Museum
HAFEN
Volkskunst-museum
Voulismeni-See
Kitroplatia Strand
PL. ELEFTHERIOS VENIZELOS
Kathedrale
Ammos Strand
Akti Nearchou
Bucht von Mirabello
Akti
Milatou
Koritsas
Prigipos
Koundourou
Davaki
Perikleous
Ethnikis
Paleologou
Georgiou
Kantanoleontos
Antistasseos
Koraka
Kornarou
Kazantzaki
Kondilaki
Solomou
Plastira
Akti Koundourou
Lasthenous
Sarolidi
Akti Themistokleus
Pasifais
28 Oktovriou
R. Koundourou
25 Martiou
Michali Sfakianaki
Ariadnis
Milou
Tselepi
Mirabellou
Akti Pagalou
Filellinon
Daskalo Ghiani
Politechniou
Modatsou
Sfakianaki N.
Manouso Ghiani S.
Solonos
S. Venizelou
Koziri
100 m

AGIOS NIKOLAOS UND UMGEBUNG 1 AGIOS NIKOLAOS HIGHLIGHTS

A ARCHÄOLOGISCHES MUSEUM

Palaiologou | Umbau

Nach dem Museum von Iraklio die reichste Sammlung minoischer Artefakte. Wegen Umbauarbeiten geschlossen, bis Wiedereröffnung nur temporäre Ausstellungen.

B VOLKSKUNSTMUSEUM

Palaiologou | Eintritt

Schöne Sammlung von Alltagsgegenständen, Werkzeugen, Teppichen, Ikonen und traditionellen Kostümen, aber vor allem auch zahlreiche Stickereien und handgefertigte Textilien aus Kreta.

C VOULISMENI-SEE

Man nennt ihn den »See ohne Boden«, aber er hat einen – in 64 m Tiefe! Ende des 19. Jhs. durch einen Kanal mit dem Meer verbunden, ist er heute mit seinen belebten Terrassen das Herz der Stadt.

D CRETAN OLIVE OIL FARM

Mai–Okt. | Eintritt

Bauernhof und kleines Museum über das traditionelle Leben, in dem u.a. die Herstellung von Olivenöl und Raki gezeigt wird. Laden und Verkostung. www.cretanoliveoil farm.gr

E TAUCHBASIS

Am Strand des Hotels Mirabello bietet der Club Crete Underwater Center Tauchgänge in der gesamten Bucht an. www.creteunderwater center.com

TOUR 2

AGIOS NIKOLAOS UND UMGEBUNG 1 AGIOS NIKOLAOS RESTAURANTS

1 CHRISOFYLLIS

- Atemberaubender Blick auf die Bucht von Mirabello.
- Reichhaltige und authentische Gerichte, gute Weinkarte.

Akti Pagalou 18 | tgl. 17–24 Uhr

2 MAISTRALI

- Direkt am Wasser, frische und schmackhafte traditionelle Gerichte (Fisch, Tintenfisch, Salate, Vorspeisen).

Akti Pagalou 10 | tgl. 10–1 Uhr

3 OUFO TO LO

- Wunderschöner Rahmen, tadelloser Service.
- Hochwertige Küche (u.a. die Spezialität Lamm mit fünf Käsesorten).

Akti Pagalou 6 | tgl. 10–23 Uhr

4 KARNAGIO

- Köstliche Pitas, schmackhaftes Fleisch und ein Top-Service mit Blick auf den See.
- Sehr üppige Portionen.

Palaiologou 24 | tgl. 12–24 Uhr

5 AVLI TAVERNA

- Terrasse unter Feigenbäumen und Weinreben, abseits der Massen.
- Vorspeisen und köstliche traditionelle Küche, begleitet vom Wein des Besitzers.

Georgiou 12 | tgl. 12–1 Uhr

6 PELAGOS

- Romantisch mit einer schönen, abgelegenen und ruhigen Terrasse.
- Gute, großzügig bemessene Gerichte (Fisch und Meeresfrüchte) und guter Wein.

Koraka 11 | April–Okt.

7 CRETA EMBASSY

- Schönes Haus aus dem 19. Jh. und Garten mit Bäumen.
- Kretische Spezialitäten, Fleisch und Fisch vom Grill.

Ioannou Kondilaki 4–5 | tgl. 12–2 Uhr

AGIOS NIKOLAOS UND UMGEBUNG 1 AGIOS NIKOLAOS CAFÉS UND BARS

8 POLYXOROS PERIPOU

- Ein cooles Café und Buchladen mit einem Balkon zum See.
- Konzerte an manchen Abenden.

28-Oktovriou 25 | tgl. 10–2 Uhr | (Bild)

9 CAFÉ DU LAC

- Perfekt für einen Kaffee oder einen Cocktail bei Sonnenuntergang wegen des atemberaubenden Blicks auf den See.

28-Oktovriou 17 | tgl. 9–2 Uhr

10 MIGOMIS

- Eine der schönsten Aussichten auf den See, um einen Drink zu genießen.
- Schick und herrlich romantisch.

Plastira 20 | tgl. 8–24 Uhr

11 ALEXANDROS

- Rooftop mit Blick auf die Stadt und den Hafen.
- Cocktails und Popmusik, um die ganze Nacht zu tanzen.

Kondilaki 1 | tgl. 20–4 Uhr

TOUR
2

AGIOS NIKOLAOS UND UMGEBUNG 2 RUND UM KRITSA

Nur wenige Kilometer von Agios Nikolaos entfernt bieten Kritsa und die Umgebung traditionelle Häuser, bewegende byzantinische Fresken und eine antike Stätte, die über der Bucht von Mirabello thront.

- **Nur die antike Stätte Lato ist von Agios Nikolaos aus nicht mit dem Bus erreichbar. Rechnen Sie mit 3 km Fußweg (oder Taxi) von Kritsa aus. Nehmen Sie Wasser und gutes Schuhwerk mit.**

HIGHLIGHTS

- A Panagia Kera
- B Kritsa
- C Antike Stätte Lato
- D Wanderung durch die Kritsa-Schlucht

ADRESSEN

1. O Kroustas
2. Aristidis
3. Saridakis Kafeneio
4. Massaros

C Antike Stätte Lato
D Kritsa-Schlucht
Start der Wanderung
A Panagia Kera
B Kritsa
2
3
4
1
Agios Nikolaos
200
400 m

AGIOS NIKOLAOS UND UMGEBUNG 2 RUND UM KRITSA HIGHLIGHTS

A PANAGIA KERA (ΠΑΝΑΓΙΑΣ ΚΕΡΑΣ)

Di–So | Eintritt

Dreischiffige Kirche mit byzantinischen Fresken aus dem 13. bis 15. Jh. Das Mittelschiff ist der Jungfrau Maria und Christus gewidmet, das Nordschiff dem hl. Antonius und das Südschiff der hl. Anna.

B KRITSA (ΚΡΙΤΣΑ)

Ein weißes Dorf auf einem Hügel, von dem aus Sie einen herrlichen Panoramablick haben. Die engen, blumengeschmückten Straßen dienten als Kulisse für den Film *Der Mann, der sterben muß* von Jules Dassin (nach dem Roman *Christus wird immer wieder gekreuzigt* von Nikos Kazantzakis). Viele Stickereien.

C ANTIKE STÄTTE LATO (ΛΑΤΩ)

Di–So | Eintritt

Alte dorische Stadt, die an einem Hang gebaut wurde, von wo aus man einen herrlichen Blick auf Agios Nikolaos und die Bucht von Mirabello hat. Interessante Überreste, aber wenig Erklärungen.

 Die jeweiligen Öffnungszeiten finden Sie im Register ab S. 152.

AGIOS NIKOLAOS UND UMGEBUNG 2 RUND UM KRITSA HIGHLIGHTS

D WANDERUNG DURCH DIE KRITSA-SCHLUCHT (ΤΟ ΦΑΡΑΓΓΙ ΤΗΣ ΚΡΙΤΣΑΣ)

Ausgangspunkt: von Kritsa Richtung Lato bis zum Schild »Chauga Gorge« (Parkplatz). Beschilderter Zugang und markierter Weg.
Rückweg: Für die kurze Version kehren Sie am Ausgang der Schlucht um, für die lange Version nehmen Sie an der Kreuzung mit »Tapes« den Weg mit der Aufschrift »Kritsa«, der zum Dorf hinunterführt.
Dauer: 2 oder 3 Std. je nach gewähltem Rundweg.
Schwierigkeitsgrad: Einige technische Passagen (Seile, Metallleitern, große Felsen zum Klettern), aber keine besonderen Schwierigkeiten.
Achtung: Gehen Sie niemals bei Regen oder wenn es regnen könnte. Nehmen Sie unbedingt Wasser mit und tragen Sie entsprechend gute Schuhe.

Die Schlucht ist nicht sehr lang oder schwierig zu gehen, aber sehr eng. Eine beeindruckende Wanderung!

AGIOS NIKOLAOS UND UMGEBUNG 2 RUND UM KRITSA ADRESSEN

1 O KROUSTAS
Kroustas

- Unprätentiöse Familientaverne, etwas abseits im Dorf Kroustas.
- Herzhafte und authentische kretische Küche.

10–22 Uhr

2 ARISTIDIS
Kritsa

- Angenehme schattige Terrasse.
- Einfache und schmackhafte Küche (köstliche hausgemachte gefüllte Weinblätter), herzlicher Empfang.

Am Platz | tgl. 11–24 Uhr

3 SARIDAKIS KAFENEIO
Kritsa

- Es gibt einige schattige Tische, an denen Sie Kaffee oder Saft trinken können.

8–24 Uhr

4 MASSAROS
Kritsa

- Café und Bar, um einen Snack zu nehmen (Sandwiches, Pfannkuchen).

tgl. 7–1 Uhr

TOUR
2

AGIOS NIKOLAOS UND UMGEBUNG 3 BUCHT V. ELOUNDA

Nördlich von Agios Nikolaos, geschützt durch die Halbinsel Spinalonga, bietet die Bucht von Elounda warmes, kristallklares Wasser für Taucher und eine bemerkenswerte Vegetation für Botanikbegeisterte.

- **Elounda und Plaka sind mit dem Bus von Agios Nikolaos aus erreichbar**
- **Nach Spinalonga (die kleine Insel heißt genauso wie die größere Halbinsel) Boot von Plaka aus (ideal, da kürzer und billiger), Elounda oder Agios Nikolaos**

HIGHLIGHTS

A Elounda
B Plaka
C Spinalonga
D Tauchen

ADRESSEN

1 To Paradosiako
2 Kanali
3 Marilena
4 Elounda Island Villas Art Cafe
5 Thalassa
6 Captain Nicolas
7 Paliria

B Plaka
Spinalonga C
5 6 7
A D
Elounda
1 2 3
4
KRETISCHES
MEER
EO90
Agios Nikolaos
EO90
0
1
2 km

AGIOS NIKOLAOS UND UMGEBUNG 3 BUCHT VON ELOUNDA HIGHLIGHTS

A ELOUNDA (ΕΛΟΥΝΤΑ)

Früher ein kleiner Fischerhafen, ist Elounda heute ein beliebter Badeort, vor allem für den Jetset. Vom Hafen aus kann man mit dem Boot auf die Halbinsel Spinalonga (oder auch Kolokitha) gelangen. Hier befand sich einst Olous, eine antike Stadt, die im Meer versunken ist und von der man bei ruhiger See manchmal einige Überreste sehen kann.

B PLAKA (ΠΛΑΚΑ)

Friedlicher kleiner Hafen, ehemaliges Fischerdorf und Ausgangspunkt für Ausflüge nach Spinalonga. Hübscher Kieselstrand mit Blick auf die Insel.

C SPINALONGA (ΣΠΙΝΑΛΟΓΚΑ)

April–Nov. tgl. | Eintritt

Die Insel Spinalonga, die durch Victoria Hislops Roman *Insel der Vergessenen* bekannt wurde, war ursprünglich eine venezianische Festung (1579), die den Hafen von Elounda schützen sollte, bevor sie von 1904–1957 zu einer Leprakolonie wurde. Die Ruinen des Dorfes, das von den Leprakranken errichtet wurde, sind eine bewegende Entdeckung, und von den Anhöhen aus hat man einen wunderschönen Ausblick.

D TAUCHEN

Am Hotel Aquila, Elounda

Tauchgänge im warmen, klaren Wasser mit dem Blue Dolphin Diving Centre (www.bluedolphin-crete.com). Im Angebot sind auch Schnorchelausflüge (u.a. zur versunkenen Stadt Olous).

 Die jeweiligen Öffnungszeiten finden Sie im Register ab S. 152.

AGIOS NIKOLAOS UND UMGEBUNG 3 BUCHT VON ELOUNDA ADRESSEN

1 TO PARADOSIAKO
Elounda

• Traditionelle und qualitativ hochwertige Küche zu fairen Preisen (sehr gutes Moussaka, Vorspeisen, Fisch).
Akti Poseidonos 25 | tgl. 9–1 Uhr

2 KANALI
Elounda

»Romantisch gelegen an einem kleinen Kanal und eine Speisekarte mit frischen Muscheln und Fisch, die den Gaumen in Wallung bringt.«
tgl. 12–23 Uhr

3 MARILENA
Elounda

• Traditionelles Restaurant, das auf Vorspeisen spezialisiert ist.
• Griechische und zypriotische Spezialitäten.
• Mittags ist viel los.
April–Okt tgl. 12–23 Uhr.

4 ELOUNDA ISLAND VILLAS ART CAFE
Halbinsel Spinalonga

• Angenehme Hotelterrasse auf der Halbinsel.
• Eine Oase der Ruhe, 10 Min. vom Hafen von Elounda entfernt, um mit Blick auf das Meer einen Kaffee zu trinken.
tgl. 11–23 Uhr

5 THALASSA
Plaka

• Herrliches Panorama gegenüber von Spinalonga.
• Frische und schmackhafte Produkte (Vorspeisen, Fisch) und ein herzlicher Empfang.
tgl. 11–23 Uhr

6 CAPTAIN NICOLAS
Plaka

• Terrasse über dem Meer und mit Blick auf die Insel Spinalonga.
• Schmackhafte frische Produkte (Fisch).
Am Hafen | tgl. 11–23 Uhr

7 PALIRIA
Plaka

»Gegenüber von Spinalonga gehört diese Taverne zu meinen Favoriten. Ich bin ganz verrückt nach dem Fisch in Salzkruste und dem Thunfischtatar.«
In der Saison tgl. 12–23 Uhr

VON AGIOS NIKOLAOS NACH SITIA

- **Strecke: 80 km (1.50 Std. reine Fahrzeit)**
- **Es gibt einen Bus von Agios Nikolaos**
- **Mochlos ist nicht mit dem Bus erreichbar und hat keinen Geldautomaten**

GOURNIA (ΓΟΥΡΝΙΑ)

Di–So | Eintritt

Minoische Stätte, deren gut erhaltene Überreste eine genauere Vorstellung von einer Stadt vermitteln: Mauern, gepflasterte Straßen, Agora, Lagerhäuser, Paläste. Die Ausgrabungen haben das Verständnis der minoischen Gesellschaft vervollständigt. Der ursprüngliche Name ist unbekannt. Deshalb nahm man Gournia, wie die einheimischen Bauern den Ort nennen.

TAUSENDJÄHRIGER OLIVENBAUM VON KAVOUSI (ΚΑΒΟΥΣΙ)

Mit dem Auto über eine Piste zu erreichen (dem Schild »Big Olive Oil Tree« folgen). Einer der ältesten Olivenbäume der Welt! Seine Zweige krönten die Sieger der Olympischen Spiele 2004 in Athen.

MOCHLOS (ΜΟΧΛΟΣ)

Liebenswertes Fischerdorf mit bunten Häusern und Tavernen direkt am Wasser. Gegenüber dem Hafen liegt die Insel Mochlos, eine minoische archäologische Stätte, die derzeit ausgegraben wird.

DIMITRIS

Mochlos

»Ich liebe diese Taverne, die von einem Paar betrieben wird. Vorspeisen, Thunfisch-Carpaccio, frischer Schwertfisch – modern und raffiniert!«

April–Okt. tgl. 12–23 Uhr

TOUR
2
KRETISCHES MEER
Plaka
Elounda
Bucht von Mirabello
Sitia
Agios Nikolaos
Mochlos
Tausendjähriger Olivenbaum von Kavousi
Gournia
0
5
10 km

ETAPPE 3 SITIA UND DIE OSTSPITZE

Weit weg von der Hektik des 70 km entfernten Agios Nikolaos zeigt sich Sitia sanft und gelassen. Wenn man noch ein wenig weiter nach Osten vorstößt, lauert das Ende der Welt.

- **Sitia kann man an einem halben Tag besichtigen. Für die Ostspitze sollten Sie ebenfalls einen halben Tag einplanen, auch wenn man dort mehr Zeit verbringen kann.**

SEHENSWERTES

1. Sitia
2. Die Ostspitze

TOUR
2
KRETISCHES MEER
1 Sitia
Vaï
Moni Toplou
Koureménos
Strand
Palékastro
2 Die Ostspitze
0
2,5
5 km

SITIA UND DIE OSTSPITZE

1 SITIA

Eine kleine Stadt mit mediterranem Charme, die ihre bunten Häuser am Hang über einem von Terrassen gesäumten Jachthafen ausbreitet. Hier kann man fernab des Touristenrummels herrlich flanieren.

- **Sitia auf Griechisch: Σητεια**
- **Kostenlose Parkplätze in der Nähe des Archäologischen Museums**
- **Kornaria-Festival (Juli–Aug.): Konzerte, Tänze und Theaterstücke**

SEHENSWERTES

- A Archäologisches Museum
- B Volkskundliches Museum
- C Kazarma (venezianische Festung)

ADRESSEN

1. Inodion
2. Zorba's Tavern
3. Black Hole
4. Nouvelle Boutique
5. Mitsakakis

TOUR
2
Kazarma
(venezianische
Festung)
C
B
Volkskundliches
Museum
A
Archäologisches
Museum
HAFEN
PL. IROON
POLITECHNIOU
1
2
3
4
5
100 m
Plastira
Sfakianaki
Xanihouolou
Ionias
E. Rouseiaki
Kornarou
I. Sfakianaki
Arkadiou
P. Metahaki
Filellinon
V.
Kapetan
G.
N. Kazantzaki
Kondilaki
I.
Em.
Foundiladou
El
Venizelou
Sifi
Sakadaki
Mysonos
Daskali
Vourlidaki
G.
Gianni
M.
Katapoti
V. Kornarou
Dimokritou
Konstantinou
4 Septembriou
A.
Papandreou
(Itanou)
Praisou
Karamanli
Venizelou
El

SITIA UND DIE OSTSPITZE

1 SITIA SEHENSWERTES

A ARCHÄOLOGISCHES MUSEUM

Kokefalou | Di–So | Eintritt

Bedeutende Sammlung minoischer Artefakte, die von Ausgrabungen in der Region stammen, insbesondere aus dem Palast von Zakros. Moderne Präsentation in mehreren Sprachen.

B VOLKSKUNDLICHES MUSEUM

Kapetan Sifi 28 | Eintritt

Kleines, interessantes Museum zum kretischen Alltagsleben (Handwerksgegenstände, Stoffe, Kostüme, Werkzeuge). Erklärungen in mehreren Sprachen, gute Führung.

C KAZARMA

Makedonias | Di–So | Eintritt

Von dieser **venezianischen Festung** sind nur noch Ruinen übrig. Blumengeschmückte Gassen und Treppen, um hinaufzuklettern. Oben hat man einen sehr schönen Blick auf den Hafen.

 Die jeweiligen Öffnungszeiten finden Sie im Register ab S. 152.

SITIA UND DIE OSTSPITZE 1 SITIA ADRESSEN

TOUR 2

1 INODION

- Blick auf den Hafen.
- Gute kretische Küche und freundliches Personal.

Venizelou 157 | tgl. 18.30–1 Uhr

2 ZORBA'S TAVERN

- Taverne mit Blick auf den Hafen.
- Fisch und Fleisch vom Grill.

Kazantzaki 3 | tgl. 11–1.30 Uhr

3 BLACK HOLE

- Herrliche Aussicht auf die Stadt.
- Rockiges Ambiente und Cocktails.

Venizelou

4 NOUVELLE BOUTIQUE

- Für einen Kaffee, ein Bier oder einen Cocktail.
- Schöne Aussicht auf den Hafen.

Venizelou 161 | tgl. 8–5 Uhr

5 MITSAKAKIS

»Eine Adresse für Feinschmecker. Pralle Donuts mit Honig oder Schokolade, traditionelle Kuchen und mehr. Sensationelle Versuchungen!«

Karamanli Konstantinou 5 | tgl. 10–2 Uhr

SITIA UND DIE OSTSPITZE

2 DIE OSTSPITZE

Wilde Küsten, windgepeitschte Strände mit türkisfarbenem Wasser, steile Straßen und authentische Dörfer – hier fühlt man sich wie am Ende der Welt.

- **In der Saison fährt ein Bus von Sitia nach Moni Toplou und Vaï**

HIGHLIGHTS & ADRESSEN

A Moni Toplou
B Vaï
C Koureménos Strand

1 Metohi

TOUR
2
KRETISCHES MEER
Vaï
B
Moni Toplou
A
C
Sitia
Koureménos
Strand
Palékastro
0
2,5
5 km

SITIA UND DIE OSTSPITZE

2 DIE OSTSPITZE HIGHLIGHTS & ADRESSEN

A MONI TOPLOU (ΜΟΝΗ ΤΟΠΛΟΥ)

Eintritt

In einer kargen Landschaft befindet sich ein imposantes befestigtes Kloster aus dem 14. und 15. Jh. mit einer bedeutenden Sammlung byzantinischer Ikonen.

1 METOHI

»Auf dem Weg nach Vaï und seinem himmlischen Strand schätze ich diesen altmodischen Ort. Das Entrecôte ist ein Traum!«

Zwischen Palékastro und Vaï | April–Okt. tgl. 11–23 Uhr

B VAÏ (ΒΑΪ)

22–5 Uhr geschl. | gebührenpflichtiger Parkplatz

Wunderschöner Strand mit hellem Sand, umgeben von einem Palmenhain, der in Europa einzigartig ist. Geschütztes Naturgebiet.

C KOUREMÉNOS STRAND

Der Strand von Koureménos ist ein **Paradies für Windsurfer**. Gone Surfing Crete bietet Kurse an und Freak verleiht Surfbretter: www.gonesurfing.gr und www.freak-surf.com

TOUR
2

WANDERUNG NACH KATO ZAKROS TAL DER TOTEN

- **Strecke: 35 km (50 Min.) nach Zakros (Ζάκρος), dem Ausgangspunkt der Wanderung**
- **In der Saison gibt es an bestimmten Tagen einen Bus: Sitia–Zakros–Kato Zakros**
- **Geschäfte und Geldautomat in Zakros**

WANDERUNG DURCH DAS TAL DER TOTEN (ΦΑΡΑΓΓΙ ΝΕΚΡΩΝ)

Zugang: Von Zakros aus folgen Sie dem Wanderweg E4 (2.30 Std. Fußmarsch) oder fahren in Richtung Kato Zakros und parken beim Schild »Dead's Gorge entrance A«. **Entfernung**: 4 km vom Parkplatz bis zum Strand von Kato Zakros (1.30–2 Std.). **Rückweg**: In der Saison gibt es manchmal einen Bus nach Zakros und Sitia (erkundigen Sie sich vorher gut), sonst Taxi oder Rückweg zu Fuß. Nicht nach 17 Uhr wandern. Diese recht kurze und leichte Wanderung schlängelt sich durch einen Canyon mit alten Höhlen, die den Minoern als Grabstätten dienten (daher der Name), und mündet in den angenehmen **Kiesstrand von Kato Zakros**. Üppige Vegetation im Frühling.

RUINEN DES MINOISCHEN PALASTS

Nov.–März Mo geschl. | Eintritt

Der letzte ausgegrabene minoische Palast bestand aus fast 300 Räumen auf zwei Etagen! Die Ruinen wurden nicht geplündert, die Schätze sind in den Archäologischen Museen von Sitia und Iraklio.

NOSTOS

Kato Zakros

»Am Strand im Schatten der Tamarisken. Freundlicher Empfang und eine rustikale, schmackhafte Küche mit großzügigen Portionen.«

In der Saison tgl. 12–22 Uhr

TOUR 2
Sitia
Zakros
Kato Zakros
Minoischer Palast
Das Tal der Toten
0 1 2 km

VON SITIA NACH IERAPETRA

- **Strecke: 60 km (1.20 Std. reine Fahrzeit)**
- **Mehrere Busse/Tag über Makrygialos**

PIPERIA

Pefki

»Entfliehen Sie der Küste in diese authentische, hoch gelegene Taverne. Unter dem Pfefferbaum genießt man Olivenpaste, bunte Salate und Kaninchen in Wein.«

MAKRYGIALOS (ΜΑΚΡΥ ΓΙΑΛΟΣ)

Angenehmer Halt in diesem bezaubernden kleinen Hafenort, der einen schönen weißen Sandstrand hat. Ideal für Familien, weil es flach ins Wasser geht.

TOUR 2
KRETISCHES MEER
Psira
Sitia
Pefki
Makrygialos
erapetra
LIBYSCHES MEER
0 2,5 5 km

ETAPPE 4 IERAPETRA

Die größte Stadt an der Südküste ist touristisch wenig erschlossen und lebt vor allem vom Gewächshausanbau. Sie ist Ausgangspunkt für einen Ausflug zu der ein paar Kilometer entfernten unbewohnten Insel Chryssi im Libyschen Meer.

- **Ierapetra auf griechisch: Ιεράπετρα**
- **Das Stadtzentrum ist klein und lässt sich gut zu Fuß erkunden**
- **Kyrvia-Festival (Juli–Aug.): Gesang, Tänze, Konzerte, Filme, Theater**

SEHENSWERTES

- A Altstadt
- B Napoleons Haus
- C Venezianische Festung
- D Archäologisches Museum

ADRESSEN

- 1 O Kales
- 2 Napoleon
- 3 Taverna Gorgona
- 4 Odéon
- 5 Parodos kafe
- 6 Island Cafe

TOUR
2
PLATIA
PLASTIRA
Kalimeraki
Moutzaki
Papagou
Zouraki
Lambraki
Metaxaki
Lakerda
Kazantzakis
Kokkini
Afxendiou
Lasthenous
Sfakianaki
Koundourou
Baritaki
Koundourioti
Kothri
Markopoulou
Giannakou
Omirias
Koraka
Pagomenou
N. Foka
Porfyrogeni
PLATIA
ELEFTHÉRIAS
PLATIA
KOUNOUPAKI
Ploumidi
Archäologisches
Museum
NEUER
HAFEN
Kostoula
Adrianou
Antistaseos
Agiou
Georgiou
Kyrva
Kyprou
Ethnikis
Samouil
Anagnostaki
Kornarou
Opl. Vasarmidi
ALTSTADT
Stratigou
Idoménéos
Makédonomachon
Mosquée
et minaret
Napoleons
Haus
Venezianische
Festung
Kougioumoutzaki
100 m
ALTER
HAFEN

IERAPETRA

SEHENSWERTES

A ALTSTADT

Kato mera, die Altstadt, ist ein Gewirr von verwinkelten Gassen, in denen man die Moschee aus der Zeit der osmanischen Besatzung und ihren Brunnen entdecken kann. Ebenfalls sehenswert sind die Kirchen Agios Ioannis und Agios Georgios.

B NAPOLEONS HAUS

Nicht zu besichtigen

Schönes altes Haus mit einer Holztür, das angeblich Napoleon während seines Ägyptenfeldzugs für eine Nacht beherbergt haben soll.

C VENEZIANISCHE FESTUNG

Fort Kalés | Eintritt frei

Aus der Zeit der venezianischen Besatzung stammend, gibt es im Inneren zwar nichts zu sehen, aber der Blick auf die Bucht und die Berge ist wunderschön.

D ARCHÄOLOGISCHES MUSEUM

Adrianou | Di–So | Eintritt

Interessante minoische Sammlung, darunter Larnakes (Sarkophage). Auch Statuen aus dem klassischen Zeitalter, wie die wunderschöne Persephone aus dem 2. Jh.

IERAPETRA

TOUR 2

ADRESSEN

1 O KALES

- Authentische und schöne Bar für Vorspeisen und einen Raki.
- Gute, einfache und lokale Küche.

Stratigou Samouil, direkt bei der Festung | 10 Uhr bis spät abends

2 NAPOLEON

- Direkt am Strand, sehr schmackhafte Gerichte und große Portionen (u.a. Fisch und Tintenfisch sowie vegetarische Spezialitäten).

Stratigou Samouil 26 | 12–24 Uhr

3 TAVERNA GORGONA

- Taverne am Strand.
- Gute traditionelle Gerichte (u.a. Fisch und Tintenfisch).

Stratigou Samouil 12 | tgl. 12–24 Uhr

4 ODÉON

- Für einen Drink und ein paar Vorspeisen.
- Ruhiger Garten, Musik am Samstag.
- Eher junges und feierfreudiges Publikum.

Lasthenous 18 | nur abends

5 PARODOS KAFE

- Café, in dem es lebhaft zugeht und man bei einem guten Cocktail Jazz hören kann (Konzerte am Samstagabend).

Emmanouil Ploumidi 6, hinter dem Archäologischen Museum | Mo–Sa 13–3 Uhr

6 ISLAND CAFE

- Bunt gemischte Kundschaft für abwechslungsreiche Angebote: Frühstück, Eiskaffee, Fruchtsäfte und mehr.

Stratigou Samouil 6 | 8–7 Uhr

TAGESAUSFLUG VON IERAPETRA

CHRYSSI

TÜRKISES WASSER UND ZEDERNWALD

- **Auf Griechisch: Χρυσή**
- **Bootsausflug mit Kosta: Abfahrt vom alten Hafen in Ierapetra um 10.30 Uhr mit einem traditionellen Kaiki, Rückkehr um 17 Uhr. Schwimmen/Schnorcheln, Getränke und traditionelles Essen inbegriffen: www.nefeliboat.com**
- **Mehrere Unternehmen bieten nur die Überfahrt vom neuen Hafen aus an (1 Std.)**
- **Gebühr für den Zugang zur Insel**
- **Abseits der Wege zu wandern ist verboten**

DIE GOLDENE INSEL

Chryssi, »die Goldene«, auch Gaidouronissi (Eselsinsel) genannt, obwohl es keine Esel gibt, ist eine unbewohnte Insel, die sich über 10 km^2 erstreckt und bis zu 30 m hoch ist. Man kann einige antike Ruinen im Westen und die Kirche Agios Nikolaos im Westen besichtigen. Aber vor allem kommt man wegen der rosafarbenen Sandstrände, etwa Golden Beach, dem beliebtesten Strand, dem türkisfarbenen Wasser und dem Zedernwald, der die Insel zu einem paradiesischen Ziel macht.

FAUNA UND FLORA

Die Insel besitzt ein einzigartiges Ökosystem und ist Natura-2000-Schutzgebiet. Es gibt bemerkenswerte Wälder mit jahrhundertealten Zedern, Wacholdern und Kiefern, 120 Vogelarten (die meisten davon Zugvögel) und eine grandiose Unterwasserfauna, etwa die Unechte Karettschildkröte (Caretta caretta). An der Nordküste findet man unzählige Muscheln (Sammeln verboten!), die dem Sand die rosa Farbe verleihen.

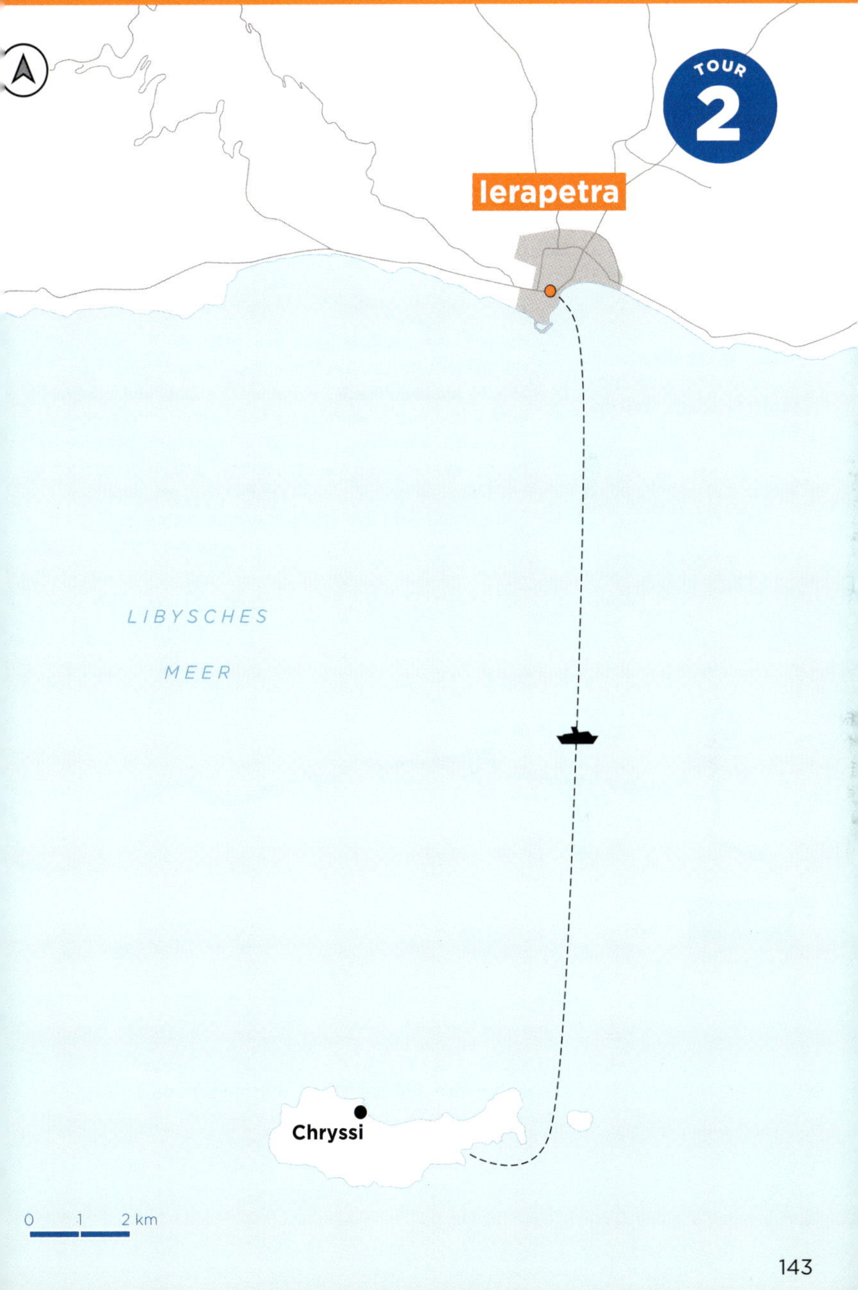
TOUR
2
Ierapetra
LIBYSCHES
MEER
Chryssi
0
1
2 km

VON IERAPETRA NACH MATALA

- **Strecke: 130 km (2.30 Std. reine Fahrzeit)**
- **Bus: sehr unpraktisch (oft muss man wieder über Iraklio fahren)**

GORTYN (ΓΟΡΤΥΣ)

tgl. | Eintritt

Ruinen einer antiken Stadt, die unter den Römern die Hauptstadt Kretas war. Sehenswert: die Titus-Basilika, Agora und Odeon, in dem die Gesetze von Gortyn entdeckt wurden, der älteste bekannte Gesetzestext, der auf Steinblöcken in Boustrophedon (von links nach rechts, dann von rechts nach links lesen) eingemeißelt ist. Zu sehen ist auch die Platane, unter der sich Zeus und Europa der Legende nach vereinigten. Frei zugänglich sind u.a. ein Tempel, Thermen und ein Theater. (Bild)

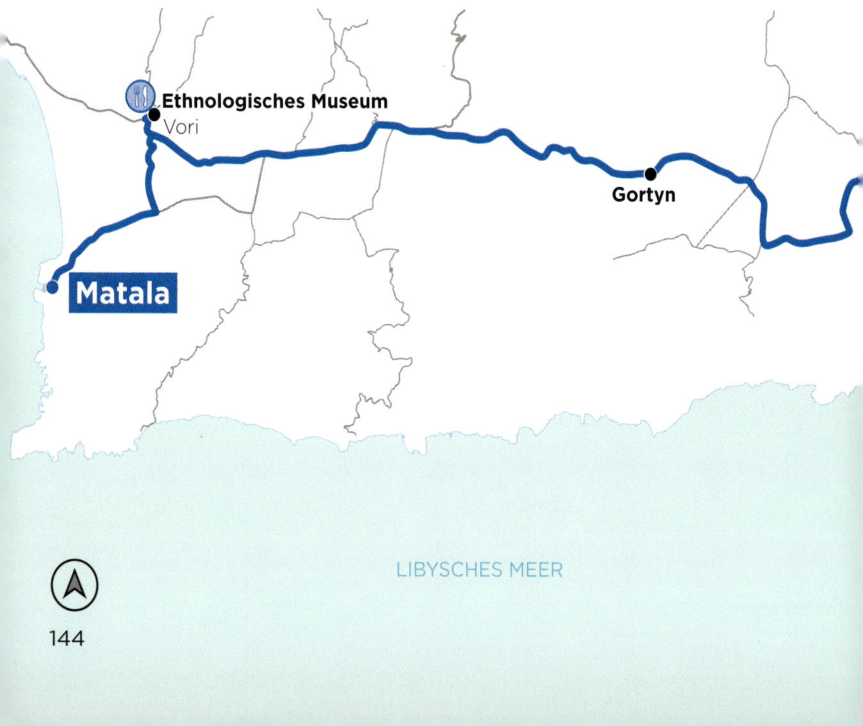

TOUR 2

ETHNOLOGISCHES MUSEUM

Vori | April–Okt. | Eintritt

Bemerkenswerte Sammlung mit den Bereichen Ernährung, Architektur, Weben, Kunsthandwerk, Transport, Sitten und Gebräuche, soziale Organisation. Ein Kompendium der kretischen Kultur.

TAVERNA ALEKOS

Vori

- Einfache und schmackhafte Küche in einer idyllischen Umgebung.
- Freundlicher Service.

Zentrum | tgl. 12–16, 18–23 Uhr

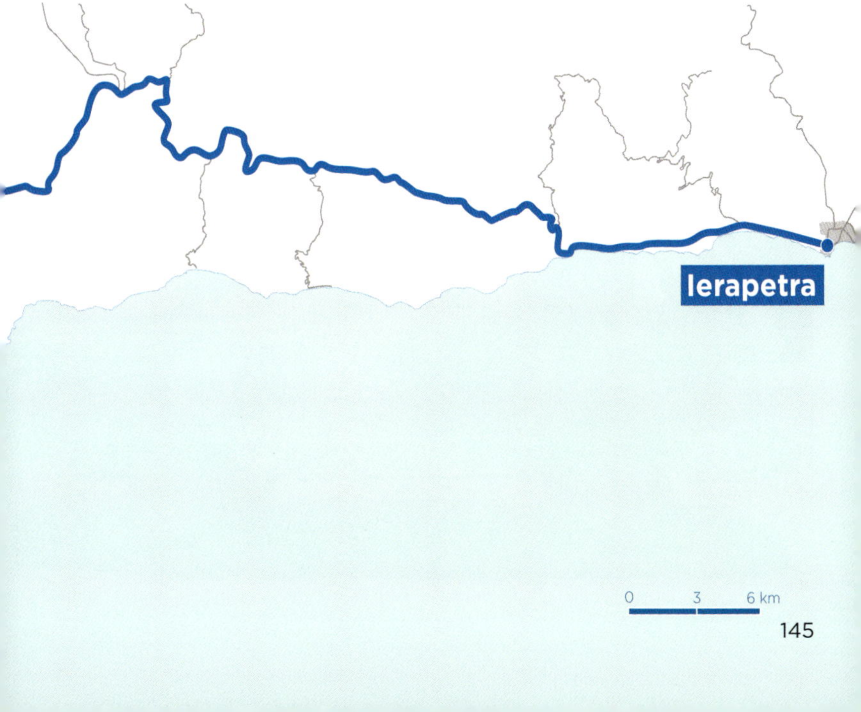

ETAPPE 5 MATALA

Flower Power in den Straßen! Das ehemalige Fischerdorf Matala, das lange schon sehr touristisch ist, lebt im Rhythmus des Reggae und verkündet stolz »Today is life, tomorrow never comes«.

- **Matala auf Griechisch: Ματαλα**
- **Matala Beach Festival (drei Tage Mitte Juni): großes Revival der 1970er-Jahre. Eine Woche vorher Malfest, bei dem die ganze Stadt bunt geschmückt wird!**

HIGHLIGHTS

A Höhlen
B Strände (Matala Beach, Red Beach und Kommos)

ADRESSEN

1 Scala
2 Hakuna Matata
3 Giannis
4 Mystical View

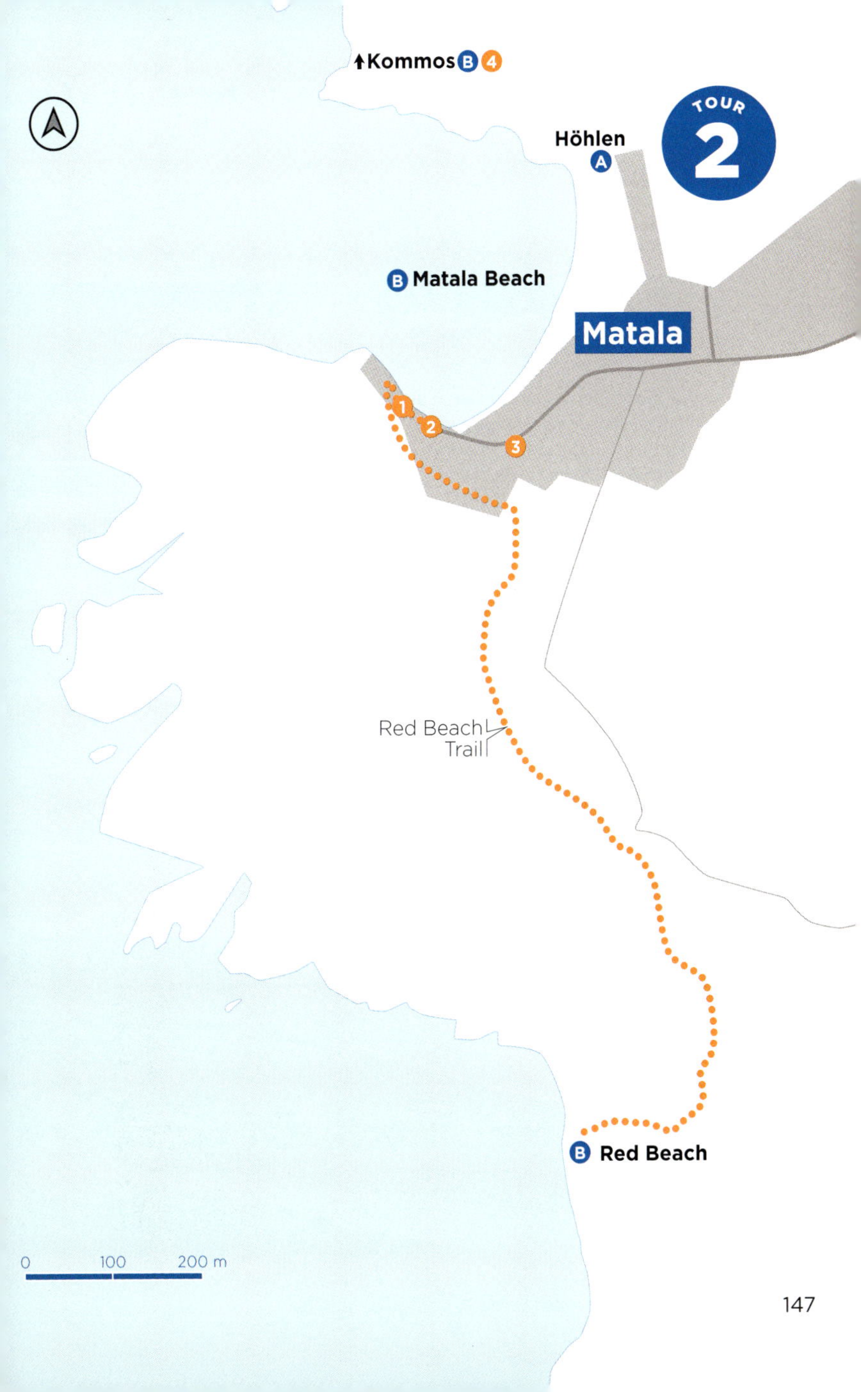

Kommos B 4
TOUR 2
Höhlen A
B Matala Beach
Matala
1
2
3
Red Beach Trail
B Red Beach
0 100 200 m

MATALA

HIGHLIGHTS

Ⓐ HÖHLEN

Eintritt

Die Höhlen wurden in der Jungsteinzeit in den Fels gehauen und dienten später den Hippies, die in den 1970er-Jahren nach Matala kamen, als Unterkunft. Auch Joni Mitchell und Cat Stevens waren da.
Der Zugang zu den Höhlen führt über einen steinigen, manchmal rutschigen Pfad.

Ⓑ STRÄNDE

Matala Beach: Sehr schöner Strand mit glasklarem Wasser, ideal zum Schnorcheln. Unglaublicher Blick auf die Klippen, aber viele Menschen. (Bild unten)
Red Beach: Nur zu Fuß in 30 Min. über einen Pfad (Red Beach Trail) zu erreichen, von dem aus man einen fabelhaften Blick auf die Bucht hat (gutes Schuhwerk mitnehmen). Weniger überlaufen als der Strand von Matala und wunderschöne Ockertöne.
Kommos: 4 km nördl. von Matala, langer, wilder Strand mit grauem Sand.

TOUR 2

MATALA

ADRESSEN

1 SCALA

• Ganz am Ende des Strandes, auf einer Anhöhe mit toller Aussicht.
• Frische und schmackhafte Gerichte.
tgl. 8–24 Uhr | Reservierung empfohlen ✆ 69 8138 8135 | (Bild)

2 HAKUNA MATATA

• Das absolute Muss in Matala!
• Gute Atmosphäre bei Pop und Reggae.
• Der beste Blick auf die Bucht bei Sonnenuntergang.
Oberhalb von Matala | 11–1 Uhr

3 GIANNIS

• Meeresfrüchte, frischer Fisch und hausgemachte traditionelle Gerichte.
tgl. 12–24 Uhr

4 MYSTICAL VIEW

Kommos

• Atemberaubender Blick auf die Bucht von Kommos.
• Frischer Fisch und köstliche Vorspeisen.
Einige Kilometer nördl. von Matala

VON MATALA NACH IRAKLIO

- **Strecke: 80 km (1.45 Std. reine Fahrzeit)**
- **Bus nach Iraklio: 2.30 Std. direkt von Matala**
- **Bus nach Phaistos von Matala aus, aber nicht nach Agia Triada (3 km von Phaistos entfernt)**

PHAISTOS (ΦΑΙΣΤΟΣ)

tgl. | Eintritt | keine Führungen

Zweiter minoischer Palast nach Knossos, der Rhadamanthys, dem Bruder von Minos, zugeschrieben wird. Spektakuläre Aussicht auf die Messara-Ebene und das Psiloritis-Massiv. Bei Ausgrabungen wurde 1908 die berühmte Tonscheibe gefunden, der Diskos von Phaistos (Bild unten). Im Gegensatz zu Knossos wurde die Stätte so belassen, wie sie entdeckt wurde. Erhalten geblieben sind ein Theater, die monumentale Treppe, die zu den Propyläen führt, und die *pithoi* (riesige Krüge, in denen Öl und Wein aufbewahrt wurden). Vom zentralen Hof, der immer noch gepflastert ist, gelangt man u.a. zu den königlichen Gemächern und dem Lustralbecken.

AGIA TRIADA (ΑΓΙΑ ΤΡΙΑΔΑ)

tgl. | Eintritt

Minoische Stätte mit bezaubernder Kulisse und Blick auf das Meer. Nicht geplündert, offenbarte sie Schätze (Sarkophag, Opfergefäße). Außerdem eine byzantinische Kapelle (Fresken) und eine Nekropole.

VEGERA

Zaros

- Authentische und köstliche Küche mit lokalen und saisonalen Produkten.
- Eine Lawine von Aromen, ganz Kreta ist auf dem Teller!

In der Hauptstraße Eleftherias | März–Nov.

Iraklio
97
Zaros
Gortyn
97
gia Triada
Phaistos
Matala
0 2,5 5 km

REGISTER

• Öffnungstage und Öffnungszeiten sind auf Kreta sehr unregelmäßig. Es ist ratsam, sich vor einem Besuch zu erkundigen, die angegebenen Nummern anzurufen oder bei den Informationsstellen nachzufragen.
• Weitere Informationen zu vielen Museen und Sehenswürdigkeiten finden Sie unter odysseus.culture.gr.

B

C

D–E

N–P

R

S

T–U

BILDNACHWEIS

Adobe Stock

13, 19 (r), 23, 24 (o, M), 25 (r), 26 (l, r), 27, 28, 29 (o, M, ul, uM), 30 (oM, u), 31, 32 (o, uM), 33 (Mr, u), 34 (M, r), 36, 37(u), 38 (or), 39 (l, M), 40 (l), 41, 42 (o, uM, ur), 43 (o, u), 44, 45, 46, 48, 50 (M, r), 51 (o), 55, 60, 62, 64 (M), 65 (u), 68 (M), 74 (u), 78, 79, 80, 84 (M), 85, 87, 88, 92, 95, 97, 98, 99, 100, 102, 104, 106, 108 (o), 111, 112 , 114 (o, M), 115, 118, 120, 121, 122 (u), 124, 126, 128, 129, 132 (o, u), 134 (u), 136, 138, 140, 142, 146, 148 (o), 150.

Shutterstock

6, 11, 12, 19 (l), 24 (r), 25 (l), 29 (ur), 30 (ol), 32 (ur), 35 (l), 38 (ol), 39 (r), 42 (ul), 50 (o), 51 (u), 56, 64 (u), 65 (o), 66, 67, 68 (o), 70, 72, 74 (o), 84 (o, u), 93 (o), 108 (u), 114 (u), 116, 117, 122 (M), 132 (M), 133, 134 (o), 141, 145, 148 (u), 149.

Hemis.fr

© GUIZIOU Franck: 25 (M), 26 (M), 34 (l), 35 (M, r), 37 (o), 40 (M, r), 52, 109 (u), 110; © FRILET Patrick: 30 (or); © Jon Arnold Images: 43 (M), 73; © LESCOURRET Jean Pierre: 53, 93 (M); © GARDEL Bertrand: 109 (M); © SOBERKA Richard: 93 (u); © DU BOISBERRANGER Jean: 130.

Photononstop

© Daniel Thierry: 32 (ul); © Edwin Mullan Collection/Mary Evans Picture Library: 33 (Ml); © Serrano Anna/Sime: 94.

Die französische Originalausgabe mit dem Titel »Simplissime Crète – le guide de voyage le + pratique du monde « erschien erstmals 2019 bei Hachette Livre (Hachette Tourisme) in Vanves, Frankreich.

Autorin: Maud Vidal-Naquet
Kartografie: Frédéric Clémençon, Aurélie Huot
Grafische Gestaltung des Innenlayouts und des Umschlags: Studio HelloÉlo
Layout: Elsa Godet
Leiter der Buchreihe: Jean-François Mallet

Verantwortlich: Claudia Hohdorf
Übersetzung: Thomas Rath
Redaktion: booklab
Korrektorat: Ulla Thomsen
Satz: booklab
Repro: LUDWIG:media
Herstellung: Alexander Knoll
Printed in Slovenia by Florjancic

ISBN 978-3-7343-2498-7

★★★★★

Sind Sie mit diesem Titel zufrieden? Dann würden wir uns über Ihre Weiterempfehlung freuen.
Erzählen Sie es im Freundeskreis, berichten Sie Ihrem Buchhändler, oder bewerten Sie bei Onlinekauf. Und wenn Sie Kritik, Korrekturen, Aktualisierungen haben, freuen wir uns über Ihre Nachricht an Bruckmann Verlag, Postfach 40 02 09, D-80702 München oder per E-Mail an lektorat@verlagshaus.de

Unser komplettes Programm finden Sie unter www.bruckmann.de

Alle Angaben dieses Werkes wurden von der Autorin sorgfältig recherchiert und auf den neuesten Stand gebracht sowie vom Verlag geprüft. Für die Richtigkeit der Angaben kann jedoch keine Haftung übernommen werden, weshalb die Nutzung auf eigene Gefahr erfolgt. Insbesondere bei GPS-Daten können Abweichungen nicht ausgeschlossen werden. Sollte dieses Werk Links auf Webseiten Dritter enthalten, so machen wir uns die Inhalte nicht zu eigen und übernehmen für die Inhalte keine Haftung. In diesem Buch wird aus Gründen der besseren Lesbarkeit das generische Maskulinum verwendet. Weibliche und anderweitige Geschlechteridentitäten werden dabei ausdrücklich mitgemeint, soweit es für die Aussage erforderlich ist.

Die Deutsche Nationalbibliothek verzeichnet diese Publikation in der Deutschen Nationalbibliografie; detaillierte bibliografische Daten sind im Internet über http://dnb.d-nb.de abrufbar.